株式会社ローンディール
WILL-ACTION Lab. 所長
大川陽介

WILL

How to find
your career
compass

OKAWA YOSUKE

「キャリアの羅針盤」の見つけ方

Discover

はじめに

「私はいったい何がしたいんだろう？」
「今の仕事は本当にやりたいことなのかな？」
「あの人はどうして楽しそうなんだろう？」

もしも、こんなことをモヤモヤ考える日があったら、**あなたの「WILL（意志）」を発掘してみませんか？** きっとそのモヤモヤが消えるはずです。

いきなり「あなたのWILLを発掘してみませんか？」なんて言われて困らせてしまったらごめんなさい。意識高っ！ ウザいって思われたらすみません。

なのですが、どうしてもみなさんに「WILLを見つけるといいことがいっぱいあるよ！」と言いたくて、この本を書くことにしたのです。ちょっとだけ、聞いてもらえますでしょうか。

僕は今、「企業間レンタル移籍」というサービスを軸に展開するローンディールという企業で働いています。どんな会社かというと、大企業に勤める人たちに一定期間ベンチャー企業に移籍してもらう事業を行っている会社です。

学校を卒業してから、ずっとひとつの企業で働いてきた。そんな人たちが、文化も風習も違うベンチャー企業に移籍するのですから、これまでの人生で何番目かくらいの大きなターニングポイントに立ち合う仕事をしてきたと言えます。

キャリアの転換点では、多くの人がこれまでの働き方や生き方を振り返ることになります。そこでよく聞いたのが、冒頭のようなモヤモヤです。

今のままでいいのだろうか。

何かしたい。でも、何を？

動きたくても動けない。

最初のうちは、僕も彼らの悩みにうまくアドバイスができませんでした。

しかし、あるとき、こういった悩みの根っこは結局すべて、**「自分は何をしたいのか？」がわからないことが原因**なのだと気づきました。自分が何をしたいのかがわからないのだから、動きたくても動けないわけです。

彼らが「本当は何をしたいのか？」を探す手伝いをしているうちに「自分のやりたいことやありたい姿」を言語化するワークショップが生まれました。このワークショップを「ＷＩＬＬ（意志）発掘ワーク」と名づけました。

＊

「自分のやりたいこと」を言語化できるようになるということは、自分の意志がはっきりするということです。

自分の意志がはっきりすると、次に何をしたいのかのアクションが見えてきます。

自分の意志に従って動き始めると、モヤっとの霧が晴れていきます。人生の舵を自分で取れるようになります。

自分で道を決められるようになれば、誰かのせいにすることもありません。迷うことなく全力を尽くせるようになったという声をたくさん聞くようになりました。

先ほど言ったように、もともとこのワークは、レンタル移籍する大企業の社員のための事前研修でした。しかし彼らと何十時間もの対話を重ねるうちに、このワークは誰もが再現できるプロセスとして体系化されていきました。いろんな人たちに「うちの会社の研修に取り入れたい」と言ってもらい、このＷＩＬＬ発掘ワークショップは、現在、50社以上の会社で導入されています。

また、社会人だけでなく、学生時代からＷＩＬＬがあったほうが充実した人生を送れるということで、大学生のキャリア教育や、中高生の「探究学習」として取り入れてもらうことも増えました。

これまでに３０００人以上のＷＩＬＬの発掘のお手伝いをしてきました。

「モヤモヤしてた気持ちにケリがついた！　もう迷わず動くだけ！」

「いきあたりバッタリで生きてきたと思っていたけれど、自分の中にはちゃんと軸があることに気づいて、自己肯定感があがった」

「何かを選ぶとき、これからは自分の意志で決められる自信がついた！」

などの感想をもらってきました。

こんなに喜んでもらえるノウハウを、世の中にもっと広く共有したい！　そう思って、この本を出すことにしたのです。

＊

ＷＩＬＬ（やりたいこと）は、ＣＡＮ（できること）や、ＭＵＳＴ（やるべきこと）に比べて、これまでどうしても後回しにされがちでした。なぜなら昭和や平成の仕事は、ＣＡＮとＭＵＳＴの組み合わせだけでも、だいたいうまくいっていたからです。

しかし、今は、未来がまったく見通せない時代になりました。上司や先輩だって、正解はわからないのです。もちろんネットを検索しても答えはのっていません。そんな時代に、**ＷＩＬＬという羅針盤を持つことは、あなたの人生を助けてくれます。**

この本は、僕の２人の友人が、実際にＷＩＬＬを言語化しアクションを起こしていくまでの物語をモデルにしています。みなさんも、２人と一緒に、ＷＩＬＬ発掘の旅に出ましょう。

本の中には、みなさんへの質問を用意しています。これらの質問はどれも、「自分は何がしたいのか」を見つける手がかりになります。頭の中で自分なりの答えを考えながら読み進めてくれてもいいです。別冊のワークシートを使って、２人と同じように手を動かしてくれれば、なお、最高です。

この本を読み終わったときに、みなさんが明日の一歩を、自信を持って踏み出すことができますように！

それでは、２人と一緒に、あなたのＷＩＬＬを探しにいきましょう。

目次

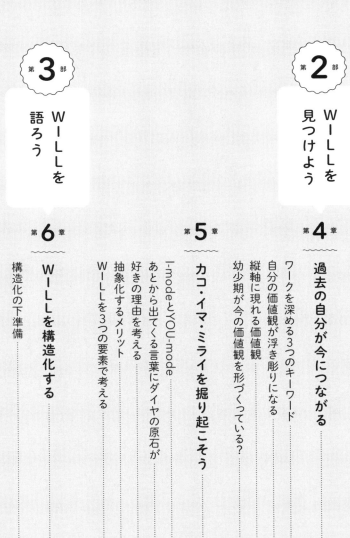

第2部

WILLを見つけよう

第3部

WILLを語ろう

購入特典

本文内に収録しきれなかった、便利な「1枚でカコ・イマ・ミライを発掘できる　WILL発掘曼《まん》荼《だ》羅《ら》シート」をお届けいたします。下の二次元コードからダウンロードしてお使いください。

特典ページURL

https://d21.co.jp/special/will/

ユーザー名：discover3023
パスワード：will

登場人物紹介

大川陽介

大企業の事業開発、人材開発部門を経て、38 歳でレンタル移籍事業を展開するローンディールに転職。自ら開発した WILL 発掘のためのワークショップが評判を呼び、現在は同社の WILL-ACTION Lab. 所長。ワークを体験した受講者からは、親しみを込めて「WILL おじさん」と呼ばれている。これまで 3000 人の WILL 発掘に関わってきた。43 歳。

渡辺航太

大学時代からバイトをしていた出版社に契約社員として入社。３年後にビジネス系の出版社に転職して４年、その後、ウェブのニュースサイトにコンテンツプロデューサーとして再転職。副業で友人が立ち上げたベンチャーの広報も手伝う。妻と保育園の子どもと３人暮らし。38歳。

斉藤春香

新卒で大企業メーカーの研究開発に配属されて５年目。最近は、新人の育成を任されるようになってきた。着実に研究者としてキャリアを積み重ねてきたが、今後も今の会社で勤め続けて良いのか悩んでいる。29歳。

第1部

WILLって何？

第 1 章

明日会社がなくなったら何をする？

明日会社がなくなったら何をする？

——大企業の若手有志が主催するカンファレンス会場にて

大川さん！　お久しぶりです。

渡辺くん、お会いしたかったです。いつぶりでしたっけ？

前に大川さんを取材させていただいたとき以来ですから、4年も経ってますよね。僕、出版社を辞めて、今はウェブメディアの会社にいるんですよ。

噂は聞いていました。僕もあのあと、富士ゼロックスを卒業して、大企業からベンチャー企業に人材のレンタル移籍をする会社にいます。

その話、聞きたかったんです。というのも、この間、そのレンタル移籍した友人が、大川さんの「ＷＩＬＬ発掘ワーク」がすごく面白いって。

お！　渡辺くん、ＷＩＬＬ発掘に興味があるんですか？

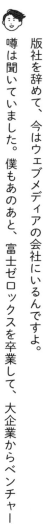

人生観とか仕事観とかすっきり見渡せるようになるから、絶対に受けたほうがいいって薦められたんです。実は僕、今、自分のキャリアにちょっと悩んでまして。

あら。そうなんですね。何か気になることがあるとか？

いや、そんなことはないんです。仕事も楽しいのは楽しいんですけれど、もうすぐ40歳ですし……。

大川さん！　渡辺さん！　来てたんですね。

斉藤さん、先ほど受付されていましたよね。お疲れ様でした。

はい、交代できたので、私も午後からはカンファレンスを聞こうと思って。ところで、何の話をしていたんですか？

大川さんに「ＷＩＬＬ発掘ワーク」をしてほしいとお願いしてたところ。

うわ！　いいなー！　それ、私もご一緒させてもらえませんか？

斉藤さんも？　前に会ったときは、仕事が充実してるって言ってたよね。

うーん、そうなんですけれど、だんだん「わかってる」ことばかりになっちゃって。私、研究者なのに、もっと勉強しなくていいのかなって不安になるんです。

そうなんだね。じゃあ、今度２人一緒にワークしようか。

ありがたいです！

お願いします！

じゃあ、その日までに2人に考えてもらいたいことがあります。

さっそく宿題ですね！

そう。質問は、**「もし、明日、会社がなくなったら何をする？」**です。

!!

じゃあ、またスケジュールは連絡するね。

「自分のしたいこと」って？

「明日、会社がなくなったら何をする？」

こう聞かれて、ドキッとした人はいませんか？　ぱっと答えられる人はいるでしょうか？

実はこの質問、僕自身が富士ゼロックスという会社に勤めていたときに、自分に投げかけてみた質問です。

僕は、20代は仕事を楽しめず、飲み屋で上司や会社の悪口をぐだぐだ言う〝モヤっと社員〟でした。30歳になり、このままではいけないと思い、会社をもっと面白くしようと考える仲間たちと有志団体を立ち上げることで、仕事も有志活動も楽しくなっていきました。会社大好き人間になり、30代はとても充実した毎日でした。愛社精神バリバリ、いい会社で働けて幸せだなあーなんて思っていました。

けれどもある日、知り合いに聞かれたのです。「大川さん、明日会社がなくなったらどうするの？」と。あれ？　明日富士ゼロックスがなくなったら、僕はそれでもゼロからコピー機をつくって（コピー機で有名な会社でした）売ろうと思うんだっけ……？いや、多分、やらないかな……。じゃあ、僕がやりたいことって何だ？　会社大好き人間だった当時の僕は、混乱してしまいました。**実は自分の意志なんてなく、会社に同化してしまっていた**ことに気づいたのです。

一方、その頃、同世代のベンチャー企業を立ち上げた起業家や、フリーランスで活躍する人たちと会う機会が多くなりました。彼らははっきりと「自分のやりたいこと」を楽しそうに語っていました。「やりたいこと」が明確な人ほど、新しいチャレンジができるのではないか。少なくとも僕には、そう見えました。

ムーミン谷のスナフキンも言っていました。「**大切なのは、自分のしたいことを、自分で知っているってことだよ**」。

だけど、どうすれば「自分のしたいこと」を見つけることができるのでしょうか？

そして、「自分のしたいこと」が見つかったとして、それを会社や社会の中で実行することはできるのでしょうか？

この問いを持ってから、意識的に社内の別部署の人や、他の会社の人と会うようになりました。そして、何か一緒にできるプロジェクトがあったりコラボできる企画があったら積極的に首をつっこんで取り組んでみることにしました。

経験を重ねるたびに、「これは本当に自分のしたいことなのか？」と自分に問いかけ、したい／したくないと思った理由をスマホにメモりました。すると次第に「好きなこと、嫌いなこと」「ワクワクすること、そうでもないこと」が仕分けられるようになってきます。

これが自分のＷＩＬＬについて考える基礎となりました。

また、自分だけでなく、レンタル移籍に挑戦する大企業社員をはじめ、起業家やキャリアに悩む社会人、中高生や大学生のＷＩＬＬを見つけるお手伝いをしてきました。どんな問いを投げかけると、どんな言葉が発掘されてくるのか。どうやったら魅力的なワードやストーリーにまとめあげられるのか。３０００人以上の人たちとひたすら向き合っていく中で、ノウハウが体系化され、誰にでも再現できるように磨き上げられたのが、「ＷＩＬＬ発掘ワークショップ」です。

さて、**みなさんの本当にやりたいこと＝ＷＩＬＬは何でしょうか。**

渡辺くんと、斉藤さんと一緒に、探していきましょう。

第2章

WILLって いったい何？

得意だからって「やりたい」とは限りませんよね
やらなきゃいけないことなら山積みですけれど……

WILLっていったい何？

——仕事終わりに某飲み屋にて

遅くなってごめんなさい！

いや、僕らもさっきついたばかりだよ。

斉藤さん、忙しそうだね。

今、ちょうど新人が入ってきたばかりで……。

お、すごい。新人教育を任されているの？

そうなんですけれど、最近なんだか、私のやりたい仕事ってこれだったっけ？　と思っちゃうことが増えたんですよね。

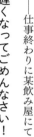

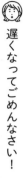

斉藤さんは、研究開発系の部署だったっけ？

はい。化粧品の開発を。最初のうちはできることがどんどん増えて楽しかったんですけれど、一通りのことができるようになって、評価もしてもらえるようになっちゃって、最近は逆にモヤモヤしてるんです。この間の大川さんの宿題を考えているうちに、沼ってます。

そう！　僕も考えてみました。「明日、会社がなくなったら、どうする？」ですよね。

渡辺くんはどう思いました？

僕、意外とラッキーって思う気がしたんですよ。

ええ？　どうして？

会社がなくなったら、独立するしかないかって、踏ん切りがつくような気がして。だからといって、何かやりたいことがあるわけでもないし、何ができるのかもわからないんですけどね……。

なるほど。斉藤さんは？

私は、恥ずかしながらパニックになっちゃう気がします。これまで会社で成果を出すことしか考えたことがなかったし。それに、冷静になってみたら今の仕事って、つぶしが利かないような気がして。

大川さん、どうしてこんな質問を宿題にしたんですか？

それはね……。

組織のＷＩＬＬと自分のＷＩＬＬ

「明日、会社がなくなったら何をするか」

僕が２人にこの質問を投げかけたのは、今の会社の状況にとらわれず、何のしがらみもない１人の個人としてＷＩＬＬを考えてほしかったからです。

斉藤さんは、「会社がなくなったらパニックになってしまうかもしれない。なぜなら会社で成果を出すことしか考えていなかったから」と言いました。これは、仕事に熱心に打ち込んできた人にむしろ多く見られる傾向です。**自分のＷＩＬＬが組織のＷＩＬＬと同化してしまっている状況**です。

僕自身がこのタイプの典型でした。前にお話ししたように富士ゼロックスという会社が好きすぎた僕は、「大川さんのやりたいことは？」と聞かれていつも「知の創造と活用をすすめる環境の構築」と秒で答えていました。この言葉は富士ゼロックスのＷＩＬＬだったのですが、当時はそれがまさに自分のＷＩＬＬだと思い込んでいたのです。

知り合いに「それって、本当にお前のやりたいことなの？」と聞かれるまで、そのことに疑問を持ったことがありませんでした。そして「大川さん、明日から会社がなくなったらどうするの？」と聞かれて「あれ？」となったのは先に話した通りです。

まさに斉藤さんと同じ状況です。

自分のWILLはどこにある？

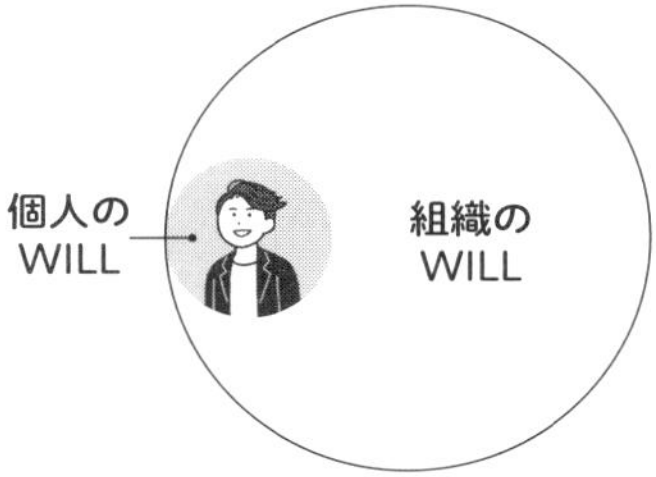

自分には「WILL」がある！　と思っていても個人のWILLが組織のWILLに同化してしまっていた

渡辺くんの場合はどうでしょう。渡辺くんのほうは、明日会社がなくなっても大丈夫そうです。ただ、「何をしてもいいと言われたら、何をすればいいかわからない」と言いました。**会社や組織に染まってはいないけれど、自分自身の方向性に悩んでいる**状況のようです。

渡辺くんに限らず、「あなたが、やりたいことは何ですか？」と聞かれて、即答できる人は少ないと思います。ことキャリアに関しては、自分の意志を、はっきり言語化するのは難しいものです。

「ずっと、今の仕事を続けていいのだろうか」

「転職するか、会社に残るか」

「違う職種に興味があるけど、今から転職して間に合うのか」

そんなことをモヤモヤ考えながら働いている人が大半ではないでしょうか。

特に、近年その傾向は加速しています。ビズリーチによるヘッドハンター602名への調査では「1年前と比較して、求職者の明確な転職意向が固まっていない段階での相談が増えた」が最多の62・2％となったそうです。

しかしみなさんもご存じのように、**企業は「自分が何をしたいのか」明確になっている人材を採用します。**上記の調査では、「転職に成功する求職者の特徴」をヘッドハンターに尋ねたところ、「自分のできることや今後どうなりたいかを俯瞰し、それを第三者に伝えることができる人物」、「自身のやりたいことが明確になっていて、転職活動の軸がぶれていない人」が挙げられました。

「やりたいこと＝ＷＩＬＬ」を明確にして言葉にすることは、自分の内からも、外からも求められているのです。

でも、どのようにそれを言語化すればいいのでしょう。

自分のやりたいこと、ですよね。ちゃんと考えたことないかもしれないです。やらなきゃいけないことなら山積みですけれど……。

会社で自分の強みの発見みたいな研修を受けました。でも、**自分がうまくできることだからといって、それをやりたいかというと、また違ったり**しませんか？

それ、わかる！　**得意なこととやりたいことは違う**ような気がします。

後輩の指導を任されるようになって、どんどんモヤモヤが大きくなってきました。

お！　今、2人が話をしていることは、これから一緒にやっていくＷＩＬＬ発掘ワークショップの核心に触れているよ！

核心？

2人が話しているのは、ＭＵＳＴとＣＡＮに押しつぶされてよく見えなくなってしまったＷＩＬＬの話です。

WILLとCANとMUST

上のような図を見たことはありませんか？　キャリアデザインの研修などでよく使われるフレームワークです。

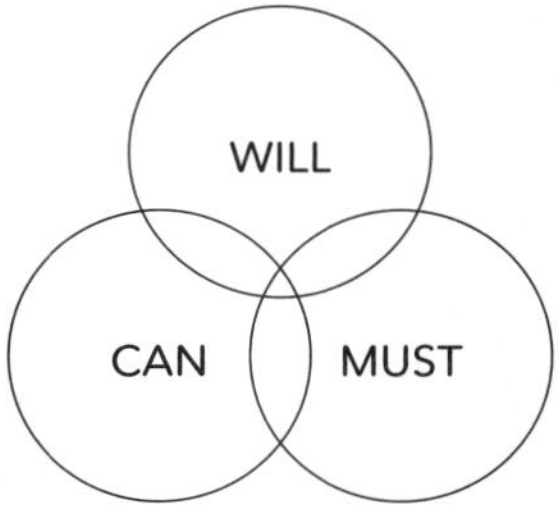

「キャリアデザイン」で
用いられるフレーム

「WILL＝やりたいこと」「CAN＝できること」「MUST＝やるべきこと」の3つを指していて、この3つが重なるところで働けば幸せであると、僕たちはよく聞かされてきました。

しかし、現実はどうでしょう。

「まずは仕事をやりきらなきゃ！　そのために、スキルもあげなけきゃ！」

と一生懸命やっているうちに

「あれ？　そういえば自分は何がやりたかったんだっけ？」

となってしまう人は、会社勤めが長くなるほど多くなると感じます。組織にいるほど、どんどんWILLが小さくなっていくのです。

渡辺くんが話したように、自分の本業（MUST）が、自分のWILLとは限りません。そして、自分のできること（CAN）が、自分のWILLとは限らない。それらと切り離して、**「自分が純粋にやりたいこと（WILL）」を言語化していく**のが、この本の役割です。

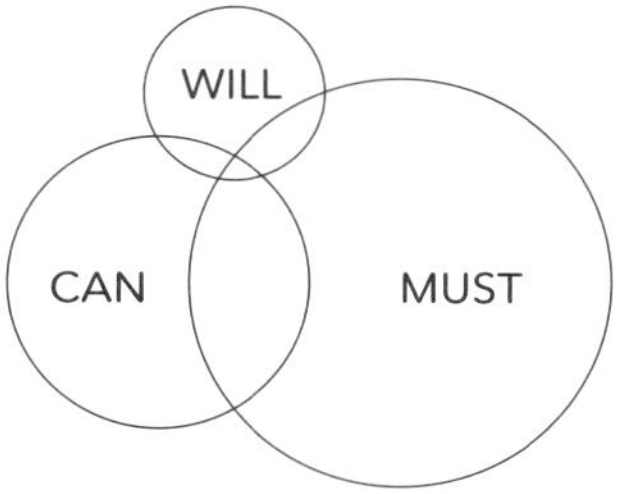

実際はこうなりがち

私、5年次研修で、この「WILL・CAN・MUST」を書かされましたよ。このときも、WILLが全然書けなくて。目の前のMUSTを一生懸命やってきて、CANも特定領域とはいえそれなりに増えたけど、そのときはWILLが何かわからなくて。

それでどうしたの？

結局、ＷＩＬＬの欄は今やってる仕事のこと書いたんですよね。自分がやりたいことをやれているって信じたい気持ちもあって。これ、さっきの大川さんの話と同じですね。明日会社がなくなったら、困ってしまう。

もちろん、ＭＵＳＴやＣＡＮに全力を尽くすことで、ＷＩＬＬが見つかることもある。でも、**ＷＩＬＬを先に大きくする方法も試してほしい**んだよね。やりたいことが明確だったら、ＣＡＮの習得も速いし、やりたい＆できる人にはＭＵＳＴが絶対やってくる。

ＷＩＬＬを先に……。

逆にＣＡＮがなくても強いＷＩＬＬはＭＵＳＴを引き寄せてくれるかもしれない。ＣＡＮはあとからついてくるパターンもあるよね。

僕、メディアの取材でベンチャー企業の社長の話を聞くことが多いんですけれど、みんな若いのに、はっきりとＷＩＬＬを持っているんですよね。自分よりも若い人たちがしっかりしているのを見ると、なんだか恥ずかしい気持ちになることもあります。

それはとてもよくわかります。というのも「ＷＩＬＬ発掘ワークショップ」は、もともと僕自身が同じ課題感を抱いてスタートしたものだったんですよ。

どんなきっかけがあったのですか？

僕が今働いているローンディールという会社の主たる事業は、「大企業の社員をベンチャー企業に期間を決めてレンタル移籍させる」なんですよね。

私の知り合いも、そのレンタル移籍に応募して大川さんと知り合ったと言っていました。

レンタル移籍先は、「受け入れ交渉面談」で自ら勝ち取ります。つまり、大企業の人がベンチャー企業の人の面接を受けるんです。そこでベンチャー企業の人が何を知りたいかというと、スキルだけではなく本人のＷＩＬＬだったりします。その人がやりたいことと、自分たちベンチャー企業の目指す世界がマッチしていることも大事なんです。

よくわかります。

ところが、**「○○さんは何をしたいのですか？」「どんな世界を見てみたいですか？」と尋ねられて、答えに詰まってしまう大企業の人がたくさんいた**んだよね。

だから、ＷＩＬＬのワークを！

なるほど、きっかけはよくわかりました。ＷＩＬＬを言語化すると、どんな良いことがあるのでしょうか？

そう！　それがイメージできないと、ワークをしたいとは思わないよね。まずは、乾杯しましょうか。そのあと、何のためにＷＩＬＬを見つけるのか、その話をしましょう。

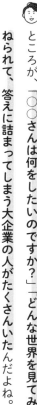

第3章

WILLがあると何が良いの？

WILLを
言語化できると、
アクションができる
ようになるんですよ
アクション？

ＷＩＬＬがあると何が良いの？

さて、先ほどの渡辺くんの質問です。

「ＷＩＬＬを言語化すると、どんな良いことがあるのか？」ですね。

渡辺くんは、どんなことを期待して、「ＷＩＬＬ発掘ワークショップを受けてみたい」って言ってくれたんですか？

質問返し（笑）。

僕は、そろそろ自分の向かうべき方向を決める時期かなと思ったんです。

向かうべき方向というのは？

具体的には、今の会社で働き続けていいんだっけ？　とか、転職？　いやいやそろそろ独立？とか。そういうことを考えたくて。

つまり、自分がどう動けばいいかを考えたくて、そのヒントが「やりたいこと＝ＷＩＬＬ」

の言語化にありそうだと思ったんですね。

ああ、そうですね。そんな感じでした。

なるほど。今の渡辺くんの回答は、とても本質的です。というのも、**WILLを言語化できるようになると、アクションができるようになる**んですよ。

アクション？

そう。つまり、行動できるようになるということ。

WILLの言語化＝羅針盤を持つ

WILLとはあなたの中にある「意志」を指しています。

そしてWILLを言語化するということは、自分が**「どうありたいか」「何をしたいか」「どうなりたいか」を言葉にする**ことといえます。ちょっと難しい言葉になりますがWILLを言語化することは、「内発的動機を言葉にする」ともいえます。WILLを言語化すると、自分がどこに向かいたいかがわかるようになります。なぜならWILLの言語化は、**羅針盤を持つことと同じ**だからです。

自分自身の羅針盤を持つことができれば、自分が向かいたい方向がわかるし、次に取るべき行動を自ら選択できるようになります。

ワークショップを受けた人たちから、

「自分の選択を信じられるようになったから、全力でぶちあたれるようになりました」

「失敗しても成功しても、楽しんで受け止められるようになりました」

「何でも人のせいにしていた自分を卒業できました」

などと感想をもらうのは、人から命じられた行動ではなく、「自分で」決めた行動であることに価値を感じているからでしょう。

だから、逆説的に言えば、迷わず行動ができている人は、WILLを言語化しなくてもいいのかもしれません。

でも、行動に迷いが出る人や、動きたくても動けない人は、WILLを言語化すると、それができるようになります。

なんとなくわかってきたような気がします。そうか、僕はきっと、**転職や独立の根拠みたいなものを得たかった**のだと思います。

自分がこれからする選択を信じたい、という感じ？

そうそう。そんな感じ。

どちらを選ぶにしても、**ＷＩＬＬを言語化すると、その決断を「自分自身でした」という納得感が高まる**と思いますよ。大事なのは、必ずしもそのＷＩＬＬに向かって一直線に進んでいなくても良いということです。

寄り道してもいい？

そう。ＷＩＬＬの方向さえわかっていれば、たとえ後ろ方向に向かって歩いていても、不安じゃなくなる。

僕はメディアの人間だからかもしれないけれど、言語化の強さって想像以上だなって思うんです。たとえば、ＳＤＧｓとか、そうですよね。ひとたび「この目標に向かおう」と言語化されると、一気に行動量が増える。

今、渡辺くんが言ったように、まさに**「言葉は世界をつくる」**んだよね。

だけど、言語化って怖くないですか？　自分が自分に縛られたりしないのかな？

うん。これはまたおいおい話をしていくけれど、「ＷＩＬＬに縛られているな」と感じるときは、ＷＩＬＬが変わったときなのかもしれないです。

え？　ＷＩＬＬって変わってもいいんですか？

うん、もちろん。だって、何か新しい経験をしたら、やりたいことだって、価値観だって変わるものでしょ。

そうなのか……。なんか、私、ＷＩＬＬは「一生ブレない軸」みたいなものかと思っていました。

僕もそういうイメージがありました。

キャリアやライフステージも変わるのだから、ＷＩＬＬも変わっていくよね。だから、仮でもいいからＷＩＬＬを決めて、まずは思い切ってやってみることが大事なんです。

なるほど。ＷＩＬＬの必要性がだいぶわかってきました。

キャリア自律にもリーダーシップにも求められるＷＩＬＬ

この1、2年で、明らかにＷＩＬＬの重要性を言われることが増えたように感じます。これにはいくつかの理由があると考えています。

一番大きな理由は、ＶＵＣＡと呼ばれる、変化が激しく不確実な時代になったことでしょう。僕の親の世代は、一度就職すれば安泰の時代でした。でも今は、大企業でさえ「キャリア自律」などと言って「自分でキャリアを考えろ」と方針を変え始めています。

なぜ組織が「キャリア自律」を説くのかというと、**キャリア自律が個人や組織のパフォーマンスを向上させる**からです。

「自立」が能力や経済力的な独立を指すのに対して、「自律」は価値観や信条、理念などの内的要因の独立を指します。自らを方向付けるのは、自分自身でやる必要があるというわけです。

また、**組織のリーダーにもＷＩＬＬが求められています。**昔ながらの「売上必達！」とみんなを引っ張っていくリーダーにはついていけない人が増えています。その後、メンバーに対して献身的に仕えるサーバント型リーダーシップが話題になりました。しかし、ここ数年は、そのサーバント型リーダーシップでも、変化の激しい時代は生き残れないと、新たなリーダーシップのあり方が議論になっています。

今は、メンバーを牽引するのでもなく、奉仕するのでもなく、**リーダーの自分らしさとメンバーの自分らしさを引き出してマネジメントするオーセンティックリーダーシップ**が注目を集めています。リーダー自身も自分のＷＩＬＬを開示して、強みや弱みを補完しあってマネジメントをしていく時代になってきているのかもしれません。

ＷＩＬＬって、夢や志とは違うんですか？

「夢」や「志」って言われると、ちょっと高尚すぎる感じがしない？

します。します。

ＷＩＬＬは「こうなりたい」という自分の純粋な気持ちみたいなものかな。

僕、この間『夢をかなえるゾウ0《ゼロ》』を読んで、主人公が「夢がないとダメなの？」と言うのに超共感しちゃいましたもん。なんか、夢がないといけないと言われると気持ち悪いというか。反発したくなるというか。

夢とか志という言葉にはちょっと抵抗があるかも、という人ほど、このＷＩＬＬに向きあってみるといいと思うよ。じゃあ、次回は実際にワークをしてみましょうか。

はい、楽しみになってきました。

私もです。

じゃあ、次に集まるまでにひとつ考えてきてほしいことがあるのだけれど。

お！　宿題ですね。

そう。これまでの人生について、棚卸しをしてきてほしいんだ。

棚卸し。

うん。別冊４ページのシートを使って人生曲線を書いてきてほしいの。

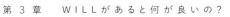

別冊４ページ

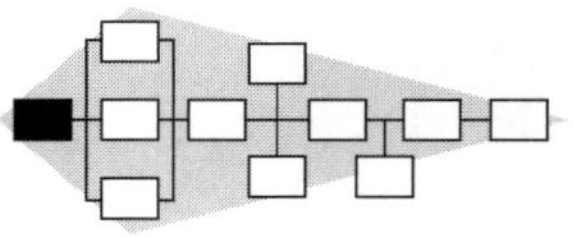

自分の人生を振り返り、曲線で表現してください。縦軸は自分で設定してください。何をもって、自分の人生を評価しているのでしょう？　幼少期から描きはじめ、特に自分が大きく変化したきっかけや出来事を洗い出してみましょう。

ライフスキャン：人生曲線

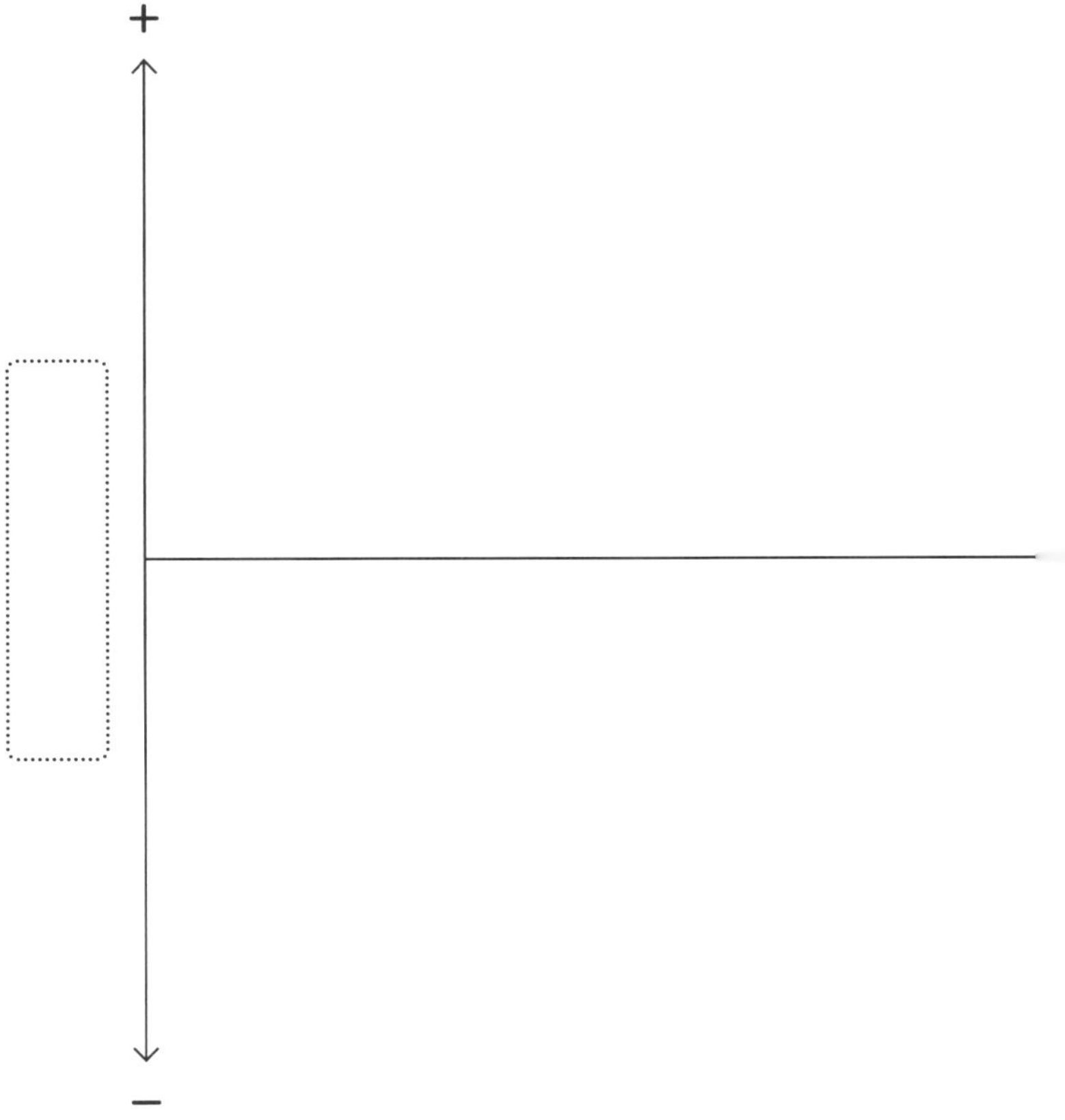

このワークシートに生まれてから今日までの「ライフスキャン：人生曲線」を書いてきてもらえますか。自分が主人公の物語を書くイメージだね。

これ、横軸は年齢ですね。縦軸は？　プラスとマイナスになっている。いい出来事と悪い出来事？

この縦軸が何なのかは、自分で考えてみてください。というのも、ここにそれぞれの個性が出るからです。自分のこれまでの人生を物語にしたとき、どんなときにプラスと評価して、どんなときにマイナスと評価するのか。それも含めて考えてきてもらえるかな。

子どもの頃の話も必要ですか？　覚えているかなあ……。

うん、ぜひ思い出してほしいの。もし思い出せなかったら、親やきょうだいにも聞いてみるといいよ。たとえばこれまでの例だと、親に言われてやったけれど、本当は嫌だった習い事があったとか、大好きで集めていたグッズがあったとか。

ちょっと楽しそう。

うん、書いているうちにいろいろ思い出すこともあると思う。次に会うときまでにぜひ記入してきてね。

はい、じゃあ次回は？

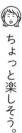

そうだなあ、じゃあ、２週間後の土曜にしましょうか。続きはうちのオフィスでやりましょう。

さて、みなさんも、別冊４ページのワークシートを見ながら、人生曲線をつくってみてください。先に言ったように、グラフの縦軸は自分で決めてＯＫです。できれば幼稚園、保育園の時代から思い出してみてください。次回はいよいよ、その人生曲線を紐解くところから、ＷＩＬＬ発掘のスタートです。

（第１部終わり）

別冊ワークシートの使い方

（別冊２ページより）

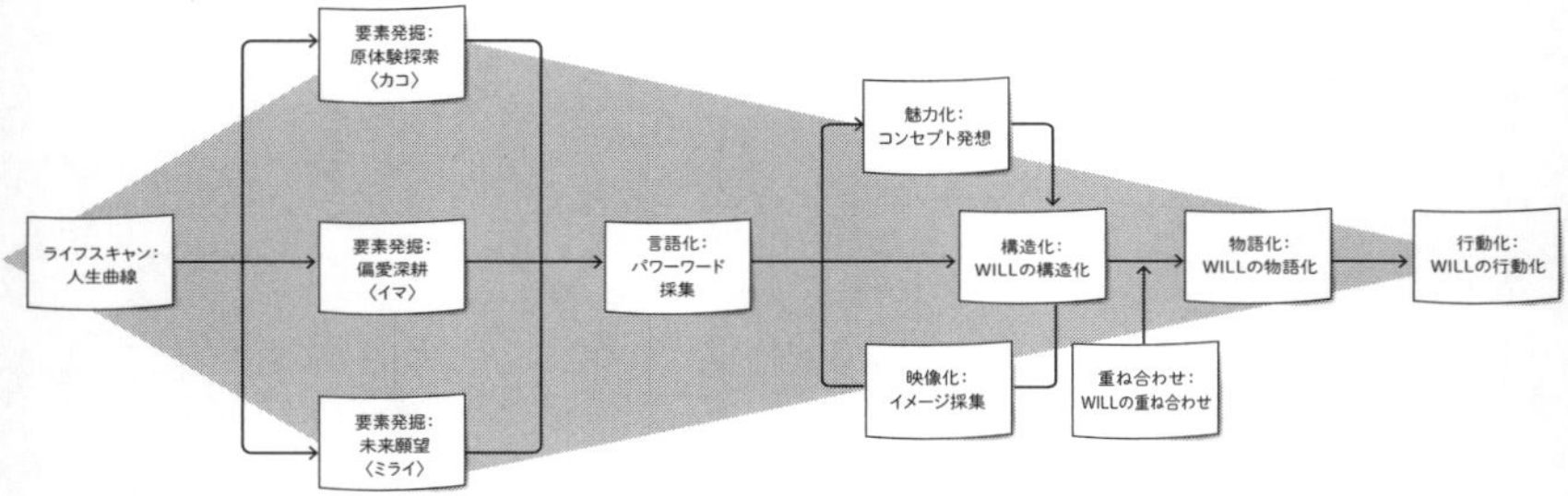

書籍に付属する別冊ワークシートを使って２人と一緒にワークを進めていきましょう。このワークシートは以下のように使ってください。

- ☑ 切り離して持ち歩き、いつでも思いついたことを書き込もう。
- ☑ 本を読みながら一気にやってもいいし、少しずつ埋めていくのもいいね。
- ☑ 書籍の中でも別冊の中でも、今やっているワークの該当部分が黒くなっているから、現在地を確認してね。
- ☑ 最初にコピーをしておくと、何度もWILLを言語化し直すことができるよ。
- ☑ １人でやってもいいけれど、誰かに話してみるのもおすすめ！

◀ ワークシートはこちらからダウンロードもできます。

第2部

WILLを見つけよう

第4章

過去の自分が今につながる

私、受け入れてもらっている感があると、安心して力を発揮できるのかも
話しているうちに、いろいろ思い出してきました

過去の自分が今につながる

――週末、大川のオフィスにて

素敵なオフィスですねえ。お邪魔します。

今日はよろしくお願いします。

2人とも、ライフスキャンはどうだった？

僕は子どもの頃のことをあまり覚えていない気がしました。

私もです。親に久しぶりに電話して、昔の話を聞いちゃいました。

僕も、学生時代の友人と連絡をとって、飲みに行ったりしましたよ。WILLがきっかけで旧交をあたためた感じです。

それはいいね！　じゃあ、渡辺くんの話から聴こうかな。

僕はまず、縦軸を「幸福度」で設定しました。

この縦軸の設定にも個性が現れると、大川さん言ってましたよね？

そうそう。渡辺くんはどういう理由で「幸福度」を縦軸にしたの？

うーん。なんとなく、自分が大事にしていることがハッピーかどうか、のような気がしたんですよね。

いいね、いいね。最初の書き込みが幼稚園のときだね。

うっすら記憶にあるんですけれど、保育園はあまり合わなかったんですよ。だけど、幼稚園に転園してから、楽しくなった。

それはどうして？

先生が好きだったんですよね。自分のいいところを見てくれる先生でした。

先生って大事！

先生が好きだったから、幼稚園のいろんな行事にも積極的に参加した記憶があります。

保育園から幼稚園に変わって、幸福度が上がったんだ。

たしかに。環境が変わると、自分の気持ちも変わるってことですよね。小学校時代も、わりと周りに恵まれた気がする。

中学生のときに幸福度がぐいんとあがっていますね。

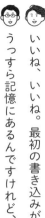

自分の人生を振り返り、曲線で表現してください。縦軸は自分で設定してください。何をもって、自分の人生を評価しているのでしょう？　幼少期から描きはじめ、特に自分が大きく変化したきっかけや出来事を洗い出してみましょう。

別冊４ページ

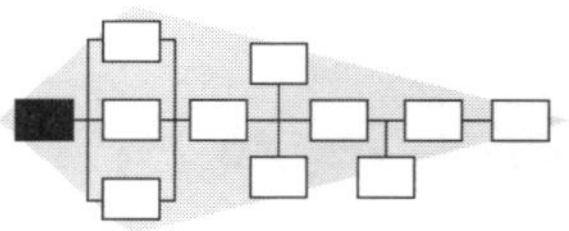

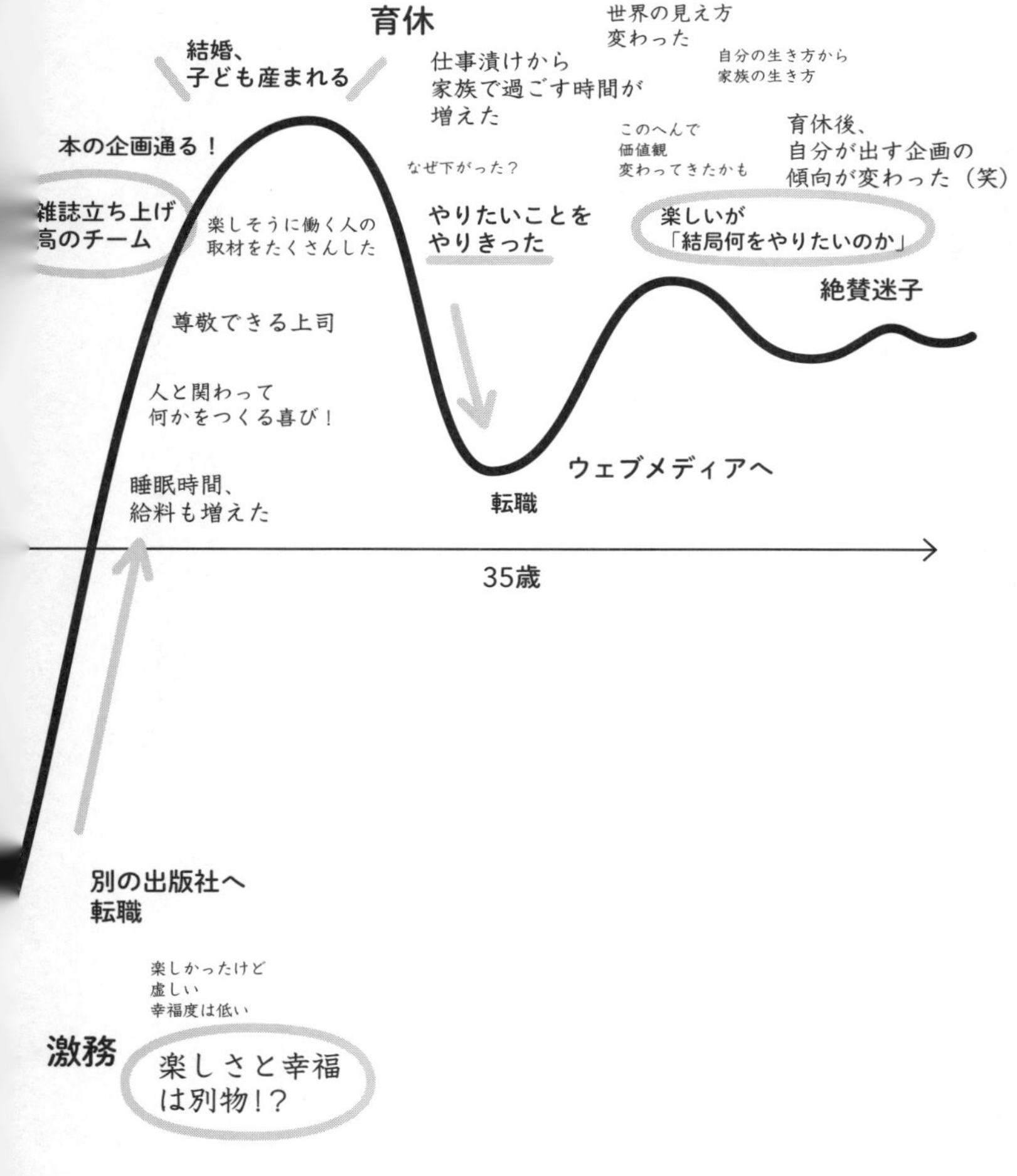

育休
結婚、
子ども産まれる
世界の見え方
変わった
自分の生き方から
家族の生き方
仕事漬けから
家族で過ごす時間が
増えた
本の企画通る！
このへんで
価値観
変わってきたかも
育休後、
自分が出す企画の
傾向が変わった（笑）
なぜ下がった？
雑誌立ち上げ
高のチーム
楽しそうに働く人の
取材をたくさんした
やりたいことを
やりきった
楽しいが
「結局何をやりたいのか」
絶賛迷子
尊敬できる上司
人と関わって
何かをつくる喜び！
ウェブメディアへ
転職
睡眠時間、
給料も増えた
35歳
別の出版社へ
転職
楽しかったけど
虚しい
幸福度は低い
激務
楽しさと幸福
は別物！？

● 渡辺くんの人生曲線

ライフスキャン：人生曲線

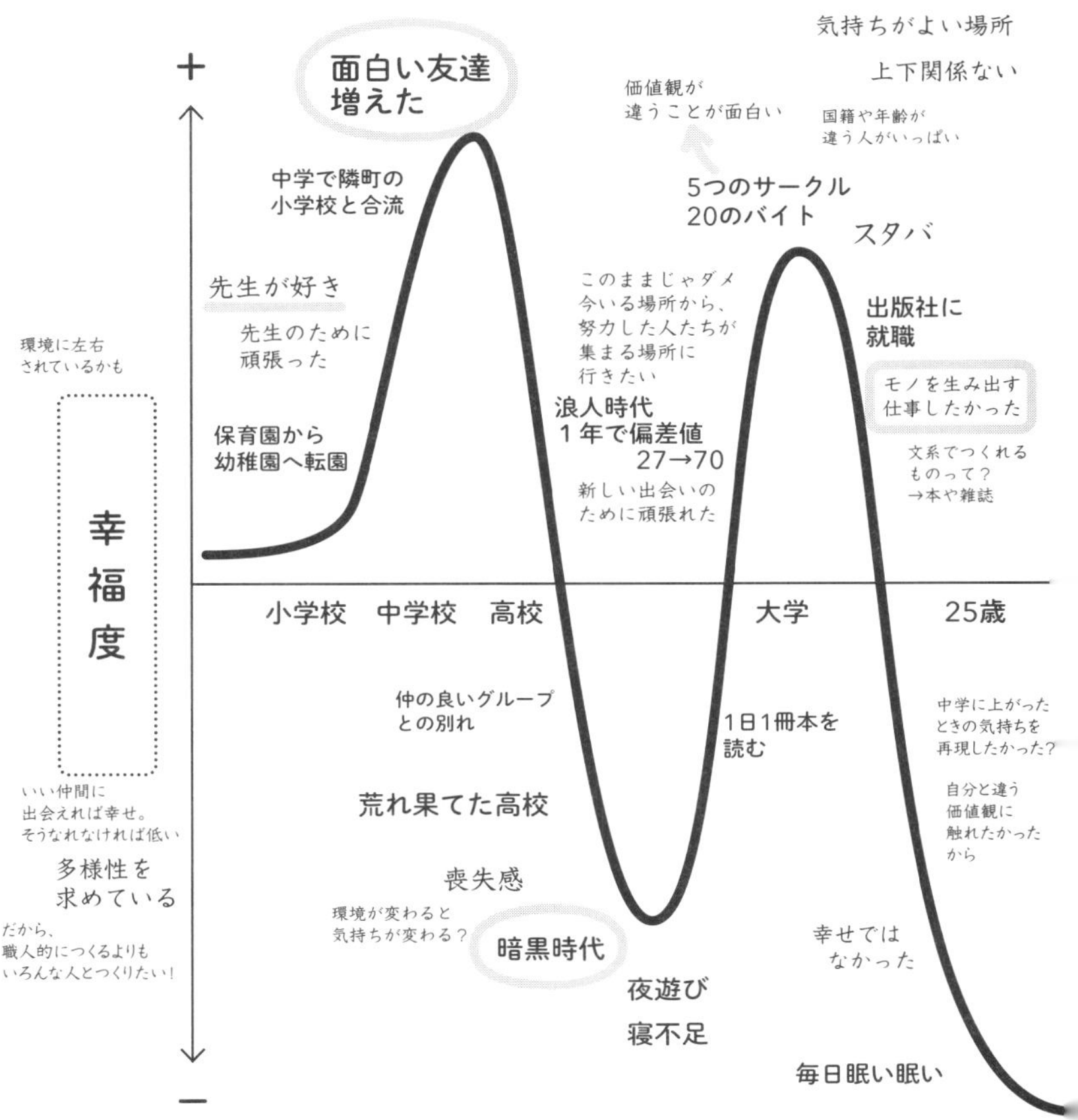

＋
－
幸福度
小学校
中学校
高校
大学
25歳
面白い友達
増えた
中学で隣町の
小学校と合流
先生が好き
先生のために
頑張った
保育園から
幼稚園へ転園
環境に左右
されているかも
いい仲間に
出会えれば幸せ。
そうなれなければ低い
多様性を
求めている
だから、
職人的につくるよりも
いろんな人とつくりたい！
仲の良いグループ
との別れ
荒れ果てた高校
喪失感
環境が変わると
気持ちが変わる？
暗黒時代
夜遊び
寝不足
価値観が
違うことが面白い
5つのサークル
20のバイト
このままじゃダメ
今いる場所から、
努力した人たちが
集まる場所に
行きたい
浪人時代
１年で偏差値
27→70
新しい出会いの
ために頑張れた
1日1冊本を
読む
気持ちがよい場所
上下関係ない
国籍や年齢が
違う人がいっぱい
スタバ
出版社に
就職
モノを生み出す
仕事したかった
文系でつくれる
ものって？
→本や雑誌
中学に上がった
ときの気持ちを
再現したかった？
自分と違う
価値観に
触れたかった
から
幸せでは
なかった
毎日眠い眠い

小学校のときも楽しかったんだけれど、中学になって隣町の小学校と合流して、面白い友達が増えたんだよなあ。

うんうん、それで？

自分とはまったく違う考え方をする人がいるんだなあと思ったら、すごく楽しくなっちゃって。でも、その仲のいいグループと別れて荒れ果てた高校に進学することになってからは、暗黒時代です。

荒れ果てた高校って書いてある！　どんな高校だったの？

いや、かなりヤバかったですよ。窓ガラスとかしょっちゅう割れるような学校だったし、先生方も竹刀やバットを持って見回りするような学校だったから。

今の渡辺さんからはイメージできない！

不良になる友達もいたし、学校にこなくなる子もいたし。なんだろう。喪失感みたいなものもあった気がします。その頃は、毎日夜遊びして寝不足でした（笑）。

毎晩夜遊びしていると聞くと、楽しそう。

楽しかったと思います。でも、何も生み出していない虚しさみたいなものもありました。だから幸福度は低い。そうか。僕は、楽しさと幸福度は別モノと考えているんですね。

なるほど。楽しさと幸福度は別って、深いですね。次のトピックが浪人って書いてある。1年で偏差値27から70って！

すごい！　何があったの？

急に、勉強しようと思ったんですよね。

それはどうして？

なんとなく、このままじゃダメだという思いもあったし。今いるような場所じゃなくて、努力した人たちが集まる場所にいきたいって思いました。

具体的にはどんなふうに勉強したんですか？

家にいるとサボっちゃうので、毎日予備校に通って、夜は終電近くまで勉強していましたね。あ、あとこの頃1日1冊本を読むというのを決めていて。

へえ！　それはなぜ？

自分と違う価値観に触れたかったからかなあ。中学のときに「違う価値観の人がいるのが楽しい」って思ったのを、もう一度再現したかったのかもしれない。だから本を読もうと思ったし、大学にも行きたいって思うようになったんだと思います。あれ？　なんか**話しているうちに、いろいろ思い出してきましたね。**

ワークを深める3つのキーワード

渡辺くんの人生曲線を紐解いている最中ですが、ここで、この人生曲線の図を、どのように深掘りしていくかを解説します。

キーワードになるのは、

「なんで?」
「それで?」
「ほんとう?」

の3つです。

「なんで?」は文字通り、理由を聞いて**その言葉の背景を深掘りする問い**です。この問いかけによって、過去の行動をどのような価値判断で行ったのか、振り返りやすくなります。

「それで？」は、**具体的にいうとどういうこと？**というニュアンスでしょうか。より具体的に思い出そうとすると、過去の出来事を思い出しやすくなります。加えて、過去の出来事の解像度が高まると、その人らしい考え方やものごとの捉え方が見えてきます。

「ほんとう？」は、ちょっとドキッとする問いかけです。人は「心の底から思っていないこと」も、うっかりそれらしく書いてしまうものです。自分の書いた言葉にピンとこないときは「それってほんとう？」と問いかけてみてください。自分の思い込みに気づくこともあるかもしれません。

さらにおすすめなのは、このワークを友達や仲間と一緒にやることです。というのも、思考は「壁打ち」で深まっていくものだからです。人に語ろうとすることで、わかりやすく整理しようとする思考が生まれますし、自分の感情にも気づきやすくなります。人に話をしていると、「これ、話しているだけでワクワクする！　アガる！」というときと「なんだかカッコつけて話しているなあ。自分の言葉じゃないみたいで気持ち悪い」というときがあると思います。口にしてみて気づくことは結構あるはずです。

人と対話するときも、「なんで？」「それで？」「ほんとう？」をお互いに聞き合うようにしてみましょう。

今回も僕や斉藤さんが、渡辺くんに「なんで？」と「それで？」を聞いています。渡辺くんが「話しているうちにいろいろ思い出してきた」と言っているのは、この問いかけがあるためです。

楽しくなってきました。自分のことを真面目に振り返るなんて、就職活動のときぶりですね。ちょっとアガります。

渡辺くん、大学時代は幸福度マックスですね！　5つのサークル、20のバイトって、すごい行動力。

いろんなことを同時に並行するのが好きだったんですよね。

たとえばどのサークルやバイトが楽しかったですか？

国際交流の飲みサークルが楽しかったです。バイトはスタバが良かった（笑）。

それはどうして？

どちらも、国籍や年齢の違う人がいっぱいいて、もちろんバイトだからリーダーもいるんだけれど、変な上下関係がなくて気持ちがいい場所だったから。サークルやバイトで出会った仲の良い人を集めて、就活の勉強会とかしたんだよなあ。

なぜ出版社に就職を？

昔から編集者に憧れていたんですよね。

どうして？

あ、そう聞かれると、昔からではないか。何かモノを生み出す仕事をしたいと思っていたんです。だけど僕は文系なので、メーカー研究職というようなイメージはあまりなくて。だとしたら、本とか雑誌とかをつくるのはどうかなあと思って。

モノづくりをしたい、が先にあったんですね。

考えてみたらそうですね。で、夢かなって出版社に入社するんですが、1社目は本当にブラックだったんです。毎日眠い、眠いと思っていました。

それでどうしたんですか？

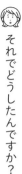

すぐに転職活動をして、別の出版社に入り直しました。そこでは尊敬できる上司にも出会えたし、新雑誌の立ち上げもできたし、本の企画も通ったので、毎日楽しかったですね。睡眠時間も増えたし、給料もあがったし。

お給料、大事（笑）。

僕はこの時期に渡辺くんと出会ったんだよね。

はい。大川さんもそうですが、ちょっと年上で楽しそうに働く人たちの取材をたくさんさせてもらって、充実していました。ちょうど、この頃、結婚したり子どもが生まれたりしたこともあって、それまでの価値感ががらっと変わる経験もしました。

お子さんが2人いるんでしたっけ。

はい。僕、会社の制度を使ってどちらのときも3ヶ月育休をとったんですよ。保育園に送り迎えしたり、妻が出張のときは子どもと3人で過ごすこともあって、それまで仕事漬けだったから、まるで世界の見え方が変わってきました。

どんな感じに？

今までは関心ごとのほとんどが「自分の生き方」だけだったんだなあという感じです。でも、子どもが生まれると、「自分たち家族の生き方」を考えるようになりました。育休明けに出す企画は、「今後の日本」や「未来の生活」にフォーカスした企画が増えた気がします。

渡辺くんに取材されたとき、「僕の子どもたちは、20年後にどんな働き方をしているのだろうと考えることがある」と言っていたのが印象的でした。僕も子どもが3人いるから。

さっき渡辺さん、すごく充実していたと言っていたじゃないですか。そのあと、人生曲線が下がって2度目の転職をしているのは、どうしてなんですか?

いい上司に恵まれたので、いろんな経験をさせてもらったんだけれど、その分「やりたいことは、やり切った」感があったんですよね。逆に、この会社では「できないこと」のほうが見えてきて。もう少し別の世界も見てみたいと思って、今度はウェブメディアに転職しました。で、転職先の仕事もそれなりには楽しいんですが、僕は結局何をやりたいんだろうって、絶賛迷子になってるところです(笑)。

うんうん、ありがとう。話していて気づいたことはあった?

思ったよりも、自分の幸福度が環境に左右されているなと感じました。いい仲間に会えているときは幸せだし、そうじゃなければ幸せじゃない。

渡辺さんの言葉を聞いていると「違う価値観の人」とか「国籍や年齢がバラバラ」みたいな「多様性」を面白がる言葉が多いように思いました。

おっ、斉藤さん、良い指摘ですね。

たしかに、中学時代や大学時代がすごく楽しかったのは、「自分一人では気づかないことに気づく」経験だったような気がします。ああ、だから同じモノづくりでも、職人的なモノづくりより、雑誌のようないろんな人と関わる仕事がしたいと思ったのかもしれない。

自分の価値観が浮き彫りになる

みなさんは自分の人生曲線を振り返ってみることで、新しい解釈ができそうなことはあったでしょうか。たとえば、渡辺くんの場合は、「夜な夜な遊んでいたときは楽しかったけれど、幸せではなかった」という気づきがありました。また、「人と関わって何かをつくっていきたい」というモチベーションがありそうだという気づきもありました。

このワークをしていると、「**自分は、結構いい人生送ってるな**」と、思いませんでしたか？　いいことも悪いこともあったけれど、どちらも**今の自分につながる**「**伏線**」になってるじゃないかと気づくこともあると思います。たとえば、子ども時代に熱中していたことと、今の仕事でやりがいを感じることの本質が同じだとか。逆に子ども時代に制限をされていたから、制限のないことに魅力を感じるんだとか。
　このように、今の自分と、過去の自分をいったりきたりすることで、自分の価値観が見えやすくなります。

次は、私の番ですね！

斉藤さん、やる気に満ちてる！（笑）

渡辺さんと大川さんのやりとりを聞いていたら、自分も早く自分の深掘りをしてみたくなりました。

いいですねえ。じゃあ、ぜひ、まずは斉藤さんに自分で解説してもらいながら人生曲線を見ていきましょうか。

はい。張り切って参ります！

まず、私は縦軸を、「五感で感じるワクワク感」としたんです。ワクワクしているときはプラスの方向。逆にワクワクしてなかったときをマイナスの方向にしました。

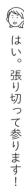

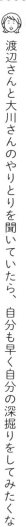

自分の人生を振り返り、曲線で表現してください。縦軸は自分で設定してください。何をもって、自分の人生を評価しているのでしょう？　幼少期から描きはじめ、特に自分が大きく変化したきっかけや出来事を洗い出してみましょう。

別冊４ページ

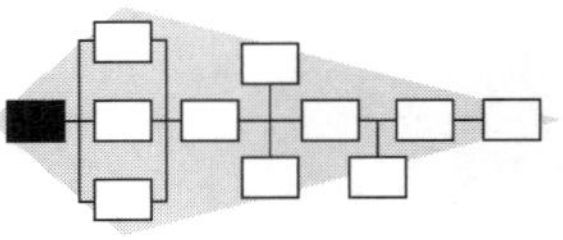

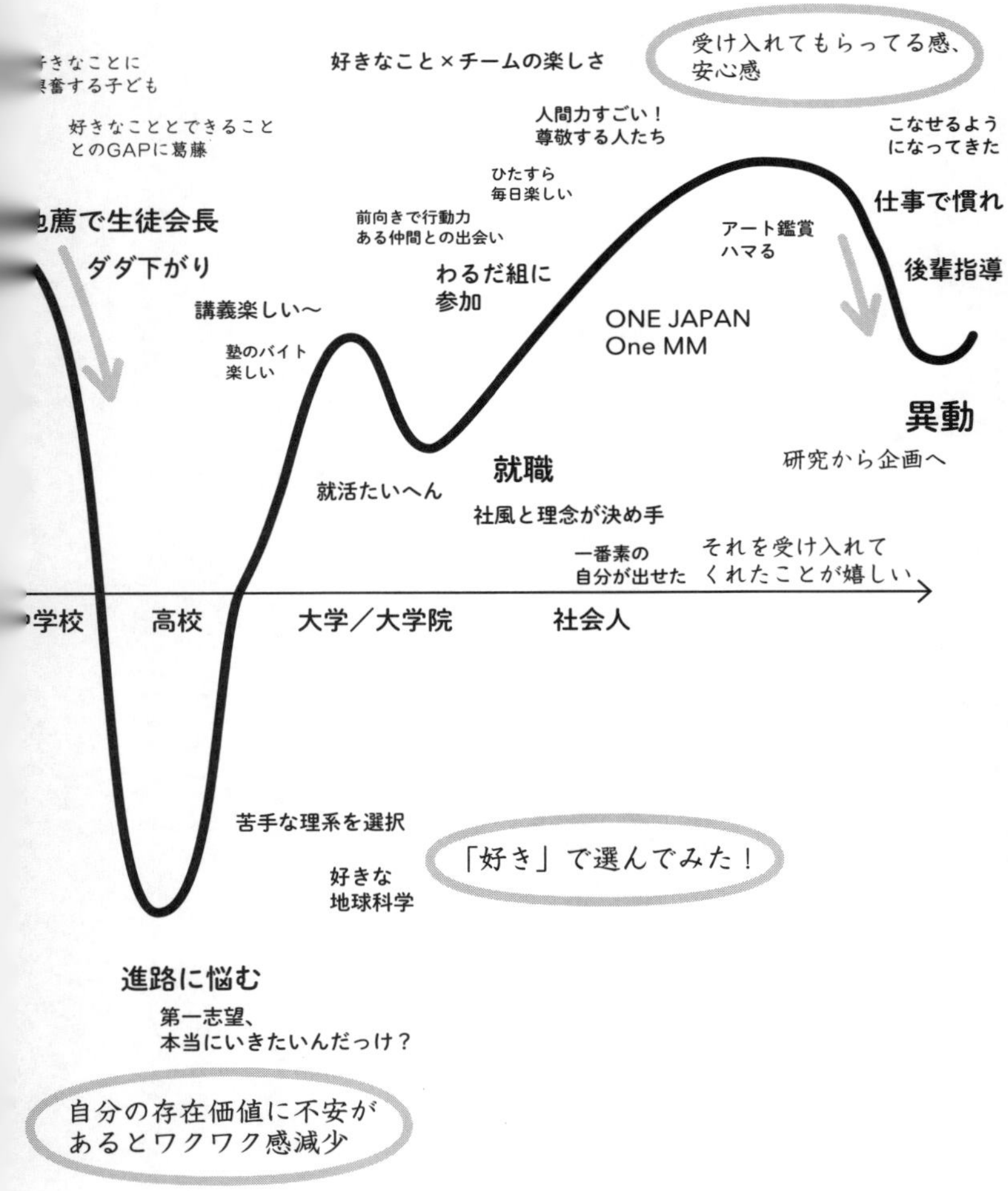

きなことに
奮する子ども
好きなことできること
とのGAPに葛藤
薦で生徒会長
ダダ下がり
学校
高校
大学／大学院
社会人
進路に悩む
第一志望、
本当にいきたいんだっけ？
自分の存在価値に不安があるとワクワク感減少
苦手な理系を選択
好きな
地球科学
「好き」で選んでみた！
講義楽しい〜
塾のバイト
楽しい
就活たいへん
好きなこと×チームの楽しさ
前向きで行動力
ある仲間との出会い
わるだ組に
参加
就職
社風と理念が決め手
一番素の
自分が出せた
それを受け入れて
くれたことが嬉しい
ひたすら
毎日楽しい
人間力すごい！
尊敬する人たち
受け入れてもらってる感、
安心感
アート鑑賞
ハマる
ONE JAPAN
One MM
こなせるよう
になってきた
仕事で慣れ
後輩指導
異動
研究から企画へ

●斉藤さんの人生曲線

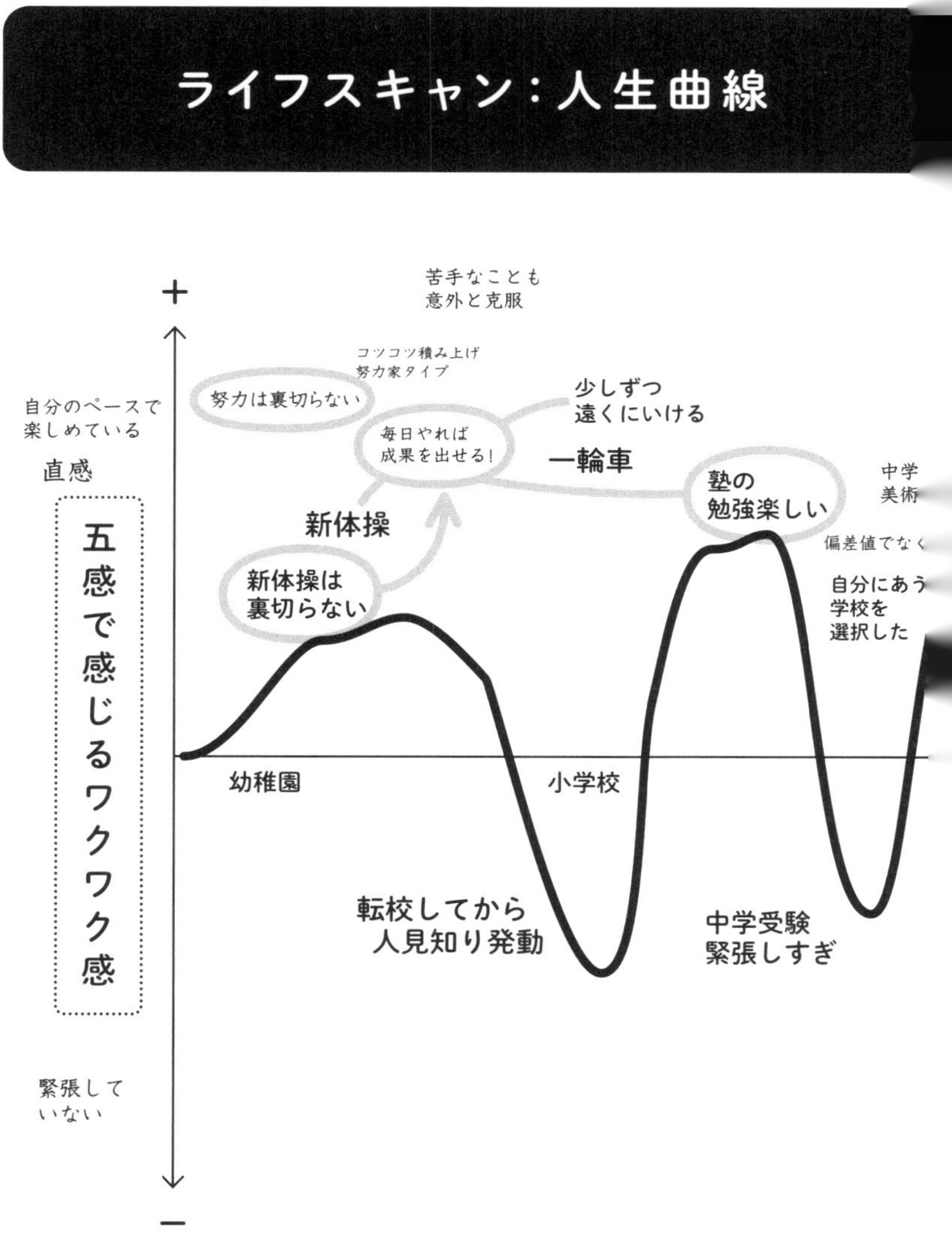

ライフスキャン：人生曲線
＋
苦手なことも
意外と克服
コツコツ積み上げ
努力家タイプ
努力は裏切らない
少しずつ
遠くにいける
自分のペースで
楽しめている
毎日やれば
成果を出せる！
直感
一輪車
塾の
勉強楽しい
中学
美術
新体操
五感で感じるワクワク感
偏差値でなく
新体操は
裏切らない
自分にあう
学校を
選択した
幼稚園
小学校
転校してから
人見知り発動
中学受験
緊張しすぎ
緊張して
いない
−

斉藤さんは「ワクワク感」か。たしかに、ここで個性が出るというの、わかるなあ。

最初のワクワクは新体操です。幼稚園のときですね。新体操って、やればやるほど体がやわらかくなるんですよ。そのときはそこまで言語化できていたわけじゃないのですが「新体操は裏切らない」みたいなことを思ったんですよね。

なるほど。

ちょっと飛ぶんですけれど、これって小学校のときの一輪車もそうだったし、中学受験のときに勉強が楽しいと思ったときも同じ感覚だったんですよね。

すごい、すでに斉藤さんの頭の中でだいぶつながりが見えはじめているようだね。同じというのは、つまり？

「毎日繰り返しやれば、自分は成果を出せる」という感じでしょうか。そうだ。新体操は裏切らないだけじゃなくて、一輪車も勉強も「努力は裏切らない」と思えるようになった感じ。

そういえばイベントの取材をしたときも、「斉藤さんは、コツコツと積み上げる努力家タイプ」と言われていたよ。

何かをパンっと思いつく天才タイプではないのだけれど、苦手なことも意外と克服してきた気がします。

そんな斉藤さんのワクワクが下がっているときにコメントされているのが、転校のときの「人見知り発動」と、中学受験期の「緊張しすぎ」と、大学受験の「第一志望本当にいきたいんだっけ？」のあたりだよね。自分では、どういうときに、ワクワク感が下がると思う？

ひとつは知り合いがいない状況みたいな、緊張感の強い環境ですね。だから、中学受験は偏差値ではなくて、自分に合いそうな学校を選ぼうと、いろんな学校を見学にいきました。もうひとつは、今この人生曲線を見ていて気づいたんですけれど、自分の存在価値のようなものに不安を覚えたときかもしれない。

というと？

たとえば、高校生のときに他薦で生徒会長をやることになっちゃって、「絶対リーダーなんか向いてない」と思ってモチベーションがダダ下がりしたし、大学受験のときにも就職活動のときにも、自分は何をしたいんだっけ？　本当に第一志望はここなんだっけ？　とモヤモヤしました。

その話、もう少し詳しく聞かせて。

うーんと、何から話せばいいかな……。あ、そうそう。私、高校2年で文系か理系かを選択するときに、あえて苦手な理系を選んだんです。

それは、どうして？

好きだったからです。文系科目のほうが点数は良かったんですけれど、自分が好きなほうを選んだほうがいいと思って。でも、大学受験も就職活動のときも、自分が好きなことよりも得意なほうや評価されるほうを選ぶ思考になっちゃって。それがモヤってたんだと思います。

なるほど。CANに引っ張られて選択しなきゃとなってしまったんだね。

ああ、まさにそれです！　でも、私のいいところは、ウジウジ悩まないところ。自分が選んだ選択肢がどうだったのかと考えていたはずなのに、いざ新しい環境に放り込まれると、意外とケロっと適応しちゃうんですよね。

ケロっとしてるんだ！（笑）

大学に入ったら「講義、楽しい!!　バイト楽しい！　大学生最高！」ってなりましたし、会社に入ってからも社内外のいろんな交流会に参加して、イベントの運営なども手伝うようになって、すごく楽しくなりました。

さっき、新しい環境は緊張すると言っていたけれど、大学や会社はどうして緊張しなかったんだろうね？

先輩や上司がいい人たちで、素の自分を出せたからだと思います。そうか、私、受け入れてもらっている感があると、安心して力を発揮できるのかも。

前回飲んだときは、今、またちょっとモヤってるって言っていたよね。

はい、だんだん仕事がこなせるようになっちゃって。こんな感じであと何年もやるんだっけ？

私がやりたいことって、これだっけ？　って……。

後輩の指導もしているんでしょ？

それもモヤモヤの原因です。自分自身がワクワクして働いてないし、何をやりたいかもわからないのに、後輩には「何をやりたいの？」って聞いちゃうんですよ。

あ、それ、最近よく聞くＷＩＬＬハラスメントだね（笑）。というのは冗談だけれど、そうか。

斉藤さんは、最近ワクワクしていないという感覚があるんだね。

はい。ただ……。

ただ？

来月、突然異動することになったんです。

あれ？　研究職じゃなかったっけ？

はい、研究開発から商品企画に。

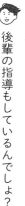

へええ。どんな？

企画って、今まで全然やったことないし。マーケティングもわからないし。イチから勉強し直しという感じです。

今はどんな気持ち？

さっき、今の仕事にワクワクしてないと言いましたけれど、でもいざ異動と言われたら、ようやく慣れてきた仕事をリセットされるような不安を感じています。

そうか。じゃあ、なおさら、ＷＩＬＬが言語化できるといいね。改めてになるけれど、斉藤さんは、どんなときにワクワクを感じるの？

直感的に自分で選択できたとき、でしょうか。逆に、やらされていると感じたり、自分が流されているときはワクワクが下がっているような気がします。あ！　ひょっとしたら、異動が不安なのもこれが原因のひとつかもしれないです。

たしかに、そうかもしれないね。そんなふうに自分で気づけるのはすごくいいことだね！

縦軸に現れる価値観

人には、驚くほど多様なモチベーションがあります。目の前の仕事が面白いかどうかだけで自分の評価をしているわけではなくて、人それぞれ、人生の豊かさを感じたりテンションがあがるときが違います。このワークで縦軸を自由にしている理由は、みんなのモチベーションがそれぞれ違うからです。

今回、渡辺くんは「幸福度」を縦軸にし、斉藤さんは「五感で感じるワクワク感」を縦軸にしました。かくいう僕自身は、「楽しさ」を縦軸にしました（次ページに僕の人生曲線も載せてあります）。人によっては「安定しているか」や「他者から評価されているか」などを縦軸にする人もいます。

さらに、何をもって幸せと感じるのか、何があればワクワクするのかともう一段掘り下げてみると、自分の人生を何をもって評価するのか、自分独自の価値観や判断基準が見えてきます。

でもよく考えたら私、企画はやったことないけど、いろんな企画に参加するのは好きだったし、社外の知り合いにも企画得意な人はいっぱいいるから相談すればいいのかな。あ！　渡辺さん、相談していいですか？　そうそう、今思い出したんですけれど、中学時代美術部だったから、パッケージデザインとか考えるのは好きかもしれない。あれ、ちょっとワクワクしてきた？（笑）

そんなふうに意味づけできたら、いいね。

ひょっとしたら、異動する運命だったのかも!?

今度会う時は、ケロッとして「楽しいですー」って、働いているかもね。

そうだといいなあ。なんか、ちょっと楽しみになってきました。

幼少期が今の価値観を形づくっている？

ワークショップでは、なるべく子ども時代のことも思い出して書いてくださいと伝えています。これは、**幼少期から中学校時代くらいまでに、今の自分の価値観に強く影響を与えている経験がひそんでいることが多い**からです。

渡辺くんの場合は、幼稚園の先生が好きだったので行事も楽しく頑張ったと答えています。斉藤さんの場合は、この頃の新体操と一輪車に取り組んだ経験が、「努力は裏切らない」と信じるきっかけになっています。人によっては親御さんの教育方針が今の価値観の根っこにある人もいるでしょう。子ども時代の経験を深掘りすることで、今の自分が大切にしている価値観に気づくこともあります。

さらに、**曲線が大きく上下しているところにも注目**してみましょう。曲線が上下しているところは、人生曲線の縦軸の状態が大きくプラスかマイナスに動いているところです。どういうことがきっかけで、自分の状態が動くのか。渡辺くんなら、幸福度が動くのはどういうときか。斉藤さんなら、ワクワク度が変化するのはどういうときかがわかります。

このワークをするときに、僕がよく話をするのは「**鳥の目、虫の目、魚の目**」の視点です。この人生曲線を振り返ることは、鳥の目で俯瞰して自分の人生を見る作業でした。このあとは、虫の目で細かく自分を発掘していきましょう。

自分の人生を振り返り、曲線で表現してください。縦軸は自分で設定してください。何をもって、自分の人生を評価しているのでしょう？　幼少期から描きはじめ、特に自分が大きく変化したきっかけや出来事を洗い出してみましょう。

別冊４ページ

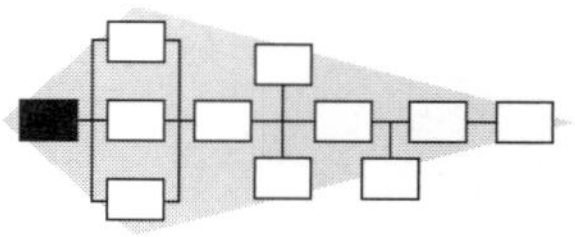

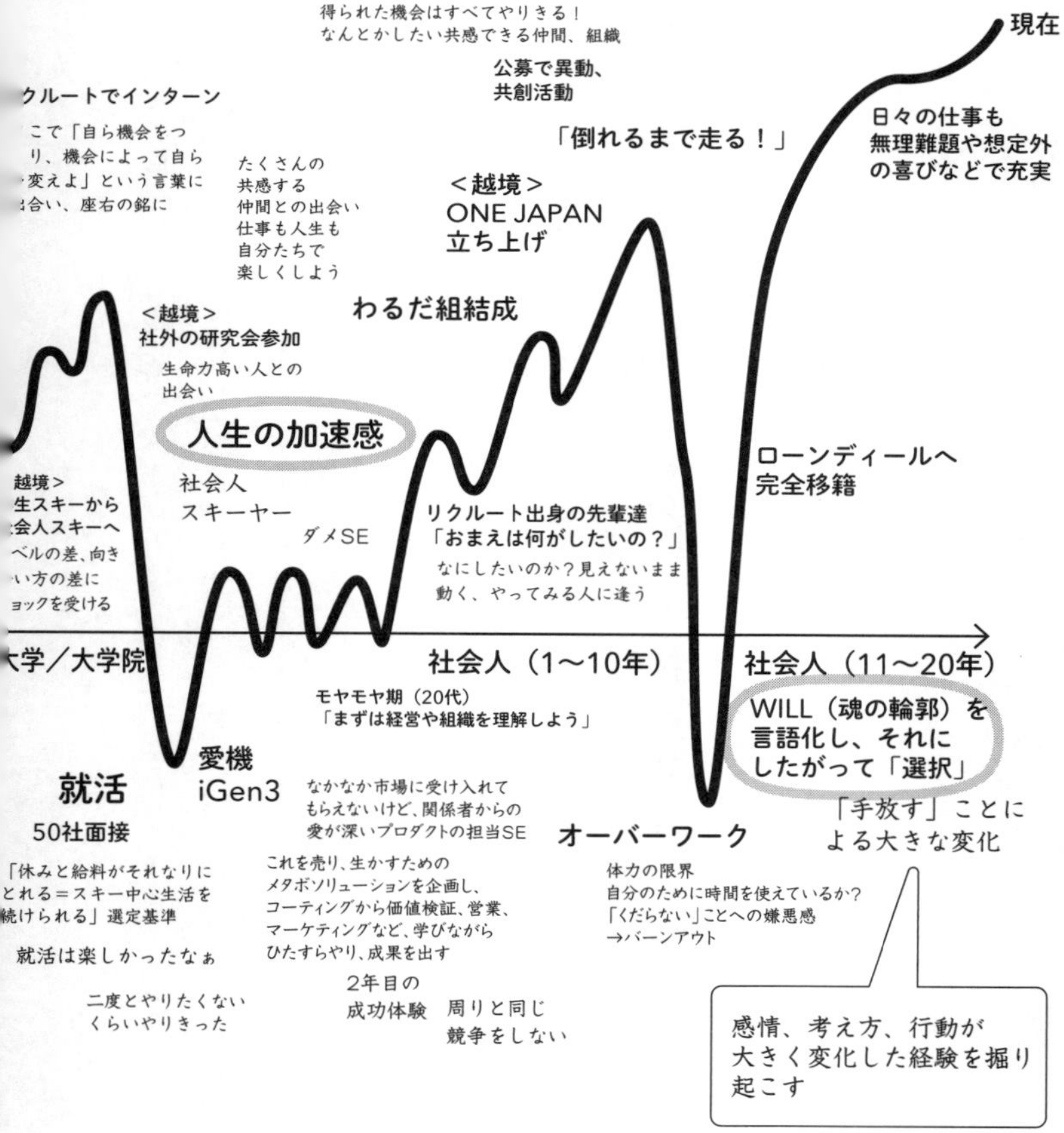
得られた機会はすべてやりきる！
なんとかしたい共感できる仲間、組織
現在
公募で異動、
共創活動
クルートでインターン
こで「自ら機会をつ
り、機会によって自ら
変えよ」という言葉に
合い、座右の銘に
「倒れるまで走る！」
日々の仕事も
無理難題や想定外
の喜びなどで充実
たくさんの
共感する
仲間との出会い
仕事も人生も
自分たちで
楽しくしよう
＜越境＞
ONE JAPAN
立ち上げ
＜越境＞
社外の研究会参加
わるだ組結成
生命力高い人との
出会い
人生の加速感
ローンディールへ
完全移籍
越境＞
生スキーから
会人スキーへ
ベルの差、向き
い方の差に
ョックを受ける
社会人
スキーヤー
ダメSE
リクルート出身の先輩達
「おまえは何がしたいの？」
なにしたいのか？見えないまま
動く、やってみる人に逢う
大学／大学院
社会人（1〜10年）
社会人（11〜20年）
モヤモヤ期（20代）
「まずは経営や組織を理解しよう」
WILL（魂の輪郭）を
言語化し、それに
したがって「選択」
愛機
iGen3
就活
50社面接
なかなか市場に受け入れて
もらえないけど、関係者からの
愛が深いプロダクトの担当SE
オーバーワーク
「手放す」ことに
よる大きな変化
「休みと給料がそれなりに
とれる＝スキー中心生活を
続けられる」選定基準
これを売り、生かすための
メタボソリューションを企画し、
コーティングから価値検証、営業、
マーケティングなど、学びながら
ひたすらやり、成果を出す
体力の限界
自分のために時間を使えているか？
「くだらない」ことへの嫌悪感
→バーンアウト
就活は楽しかったなぁ
二度とやりたくない
くらいやりきった
2年目の
成功体験
周りと同じ
競争をしない
感情、考え方、行動が
大きく変化した経験を掘り
起こす

自分の人生を振り返り、カコからミライにつながる伏線を探す

●大川の人生曲線

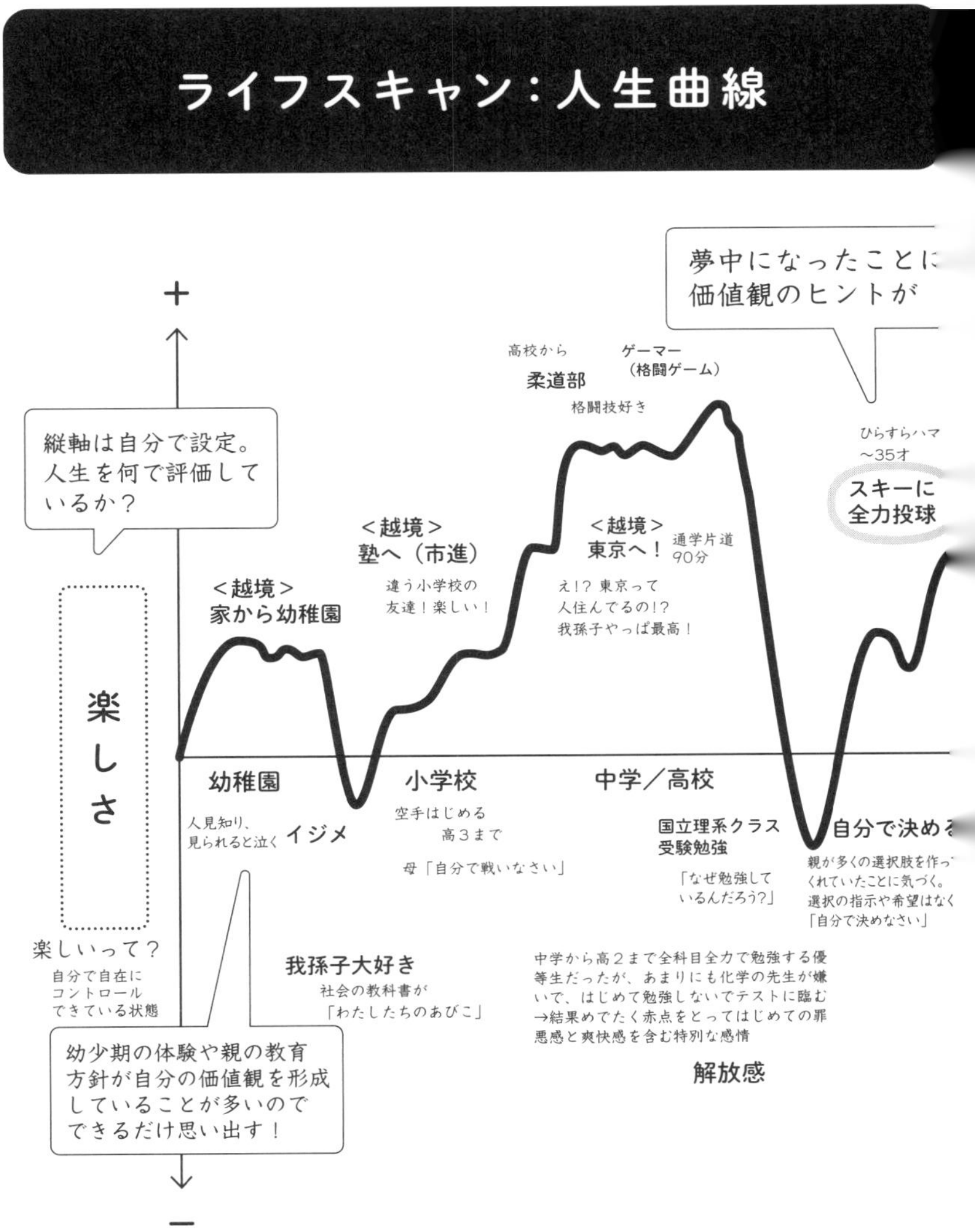

ライフスキャン：人生曲線
夢中になったことに
価値観のヒントが
縦軸は自分で設定。人生を何で評価しているか？
＋
－
楽しさ
楽しいって？
自分で自在にコントロールできている状態
<越境>
家から幼稚園
<越境>
塾へ（市進）
違う小学校の友達！楽しい！
高校から
柔道部
格闘技好き
ゲーマー
（格闘ゲーム）
<越境>
東京へ！
通学片道90分
え!? 東京って人住んでるの!?
我孫子やっぱ最高！
ひらすらハマ
～35才
スキーに全力投球
幼稚園
人見知り、見られると泣く
イジメ
小学校
空手はじめる
高３まで
母「自分で戦いなさい」
中学／高校
国立理系クラス
受験勉強
「なぜ勉強しているんだろう?」
自分で決め
親が多くの選択肢を作っ
くれていたことに気づく。
選択の指示や希望はなく
「自分で決めなさい」
我孫子大好き
社会の教科書が「わたしたちのあびこ」
中学から高２まで全科目全力で勉強する優等生だったが、あまりにも化学の先生が嫌いで、はじめて勉強しないでテストに臨む→結果めでたく赤点をとってはじめての罪悪感と爽快感を含む特別な感情
解放感
幼少期の体験や親の教育方針が自分の価値観を形成していることが多いのでできるだけ思い出す！

第5章

カコ・イマ・ミライを掘り起こそう

私の言葉って、マニアックすぎますか？
いや、WILLを発掘するには、マニアックな言葉を探していくのがいいんだよ

カコ・イマ・ミライを掘り起こそう

さて、ちょっと休憩したら、次は虫の目でいろんな角度から自分を発掘していこう。次のワークに進むね。

ワクワク。

別冊6ページを開いてもらえる？

原体験探索……ですか？

原体験とは、人の生き方や考え方に大きな影響を与えた体験のことを言うんだよね。今の行動や考え方に至った背景には、何か「原体験」があるかもしれない。それを探すために、4つの質問に答えてみてほしいんです。

原体験と言われても、起業家の人たちみたいな立派な原体験は書けない気がします。

難病の家族がいたから医療の道に進んだ、みたいな原体験だよね。僕もそれが全然ないのがちょっとコンプレックス。

他人から見てすごい原体験である必要はなくて、たとえば「友達のちょっとした一言」も、今から振り返ると意味のある原体験かもしれないよね。

「映える」体験じゃなくてもいいんですね。

そう。そう。インパクトがあるかどうかなどは気にしなくていいんです。
書き出すのは1つめが、「子ども時代に夢中になったこと」。これは、できるだけ幼い時代のことを思い出してみましょう。ひたすら折り紙をしていたとか、虫を捕まえるのが好きだったとか。純粋な時代にやっていたことこそ、今、やりたいことに結びつくかもしれないね。
2つめが、「価値観・行動が変化した経験」。これは、人生曲線を見ながら考えてみましょう。心が大きく揺さぶられた経験を書き出してみてください。
3つめが、「心に沁みた言葉」。これは、親や先生、友達から言われたり、小説や映画の中で感動したセリフなど。意外と心の拠り所にしてる言葉があると思います。ぜひ思い出してみてください。

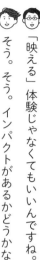

人生曲線を見ながら、緑色の各付箋の問いについて、左上から時計回りに書き出していきましょう。それぞれについても、「なんで？それで？ほんとう？」とさらに思考を深め、分解／深掘りしてください。

別冊６ページ

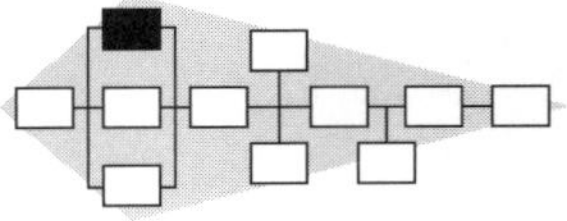

要素発掘：原体験探索<カコ>

なんで？
それで？
ほんとう？

子ども時代に
夢中になったこと

心に沁みた
言葉

共通点／気づき

そして最後が、「また見たい光景・原風景」。これは、再現したくなるような過去のシーンを思い出してほしいです。たとえば僕なら、子どもが生まれて初めてその子を抱き上げたときのことは忘れられないです。心が動かされた瞬間とか、一生懸命やったことが成果として感じられたシーンとか、また再現したい、似た体験をしたいと思える「映像」を思い出してみてくださいね。

たしかに、原体験と言われると大袈裟に構えちゃうけれど、夢中になったことや、また見たいシーンとなると、書ける気がします。

お。いいね。じゃあ、ぜひ進めてみましょう。

I-modeとYOU-mode

2人が作業を進めている間に、僕から少し話をさせてください。WILL発掘のワークショップをするときに、みんなに大事にしてもらっていることがひとつあります。それは**「主語を〝私〟にする」**ことです。

人はどうしても、人の評価を気にして生きてしまいます。何かものごとを決めると

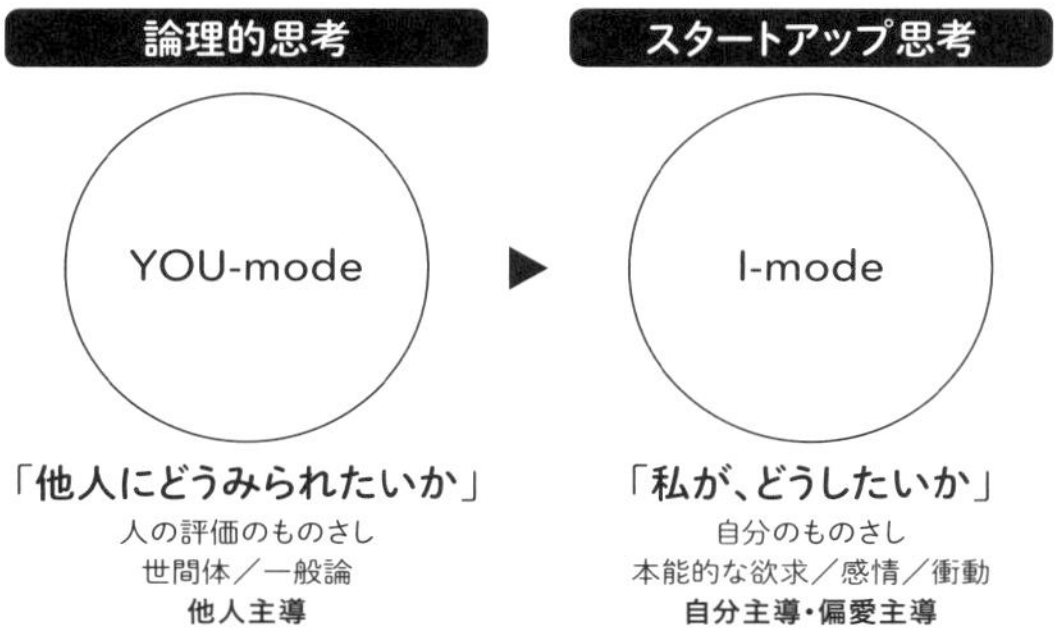
論理的思考
スタートアップ思考
YOU-mode
I-mode
「他人にどうみられたいか」
人の評価のものさし
世間体／一般論
他人主導
「私が、どうしたいか」
自分のものさし
本能的な欲求／感情／衝動
自分主導・偏愛主導

「YOU-mode」から「I-mode」へ切り替える

きにも、「世間体」や「一般論」が気になるし、他人にどう見られるかが気になります。僕はこの状態を**「YOU-mode(ユーモード)」**と呼んでいます。「YOU-mode」の人たちにとって大事なのは、「人からどう見られたいか」。つまり、他人主導の思考です。

でも、この予測不可能なVUCAの時代は「〝私〟がどうしたいか」が重要になっています。自分自身のものさしを持って、本能的な欲求や感情や衝動を大事に生きていく。これは**「I-mode(アイモード)」**の視点と言えるでしょう。

さきほど、斉藤さんと渡辺くんは「人に言えるような立派な原体験がない」と言いました。これは、今のところ2人が「YOU-mode」の視点で考えているからです。
大事なのは、人から見てどう思われるかではなく、自分にとって何が大切か。このワークで徹底的に意識してほしいのは、「I-mode」の視点です。これはもちろん、他人を無視して「自己中心」になれと言っているわけではありません。**誰かと一緒に何かをするにしても、「自分主導」でやりたいことを考え尽くす**ことが重要なポイントです。

少し専門的な話になりますが、ハーバード大教育大学院のロバート・キーガン教授が中心となり研究を進めている「成人発達理論」という理論があります。人の発達の段階には、
（1）利己的な段階
（2）他者依存段階
（3）自分主導段階
（4）相互発達段階
の4段階があるという考え方です。

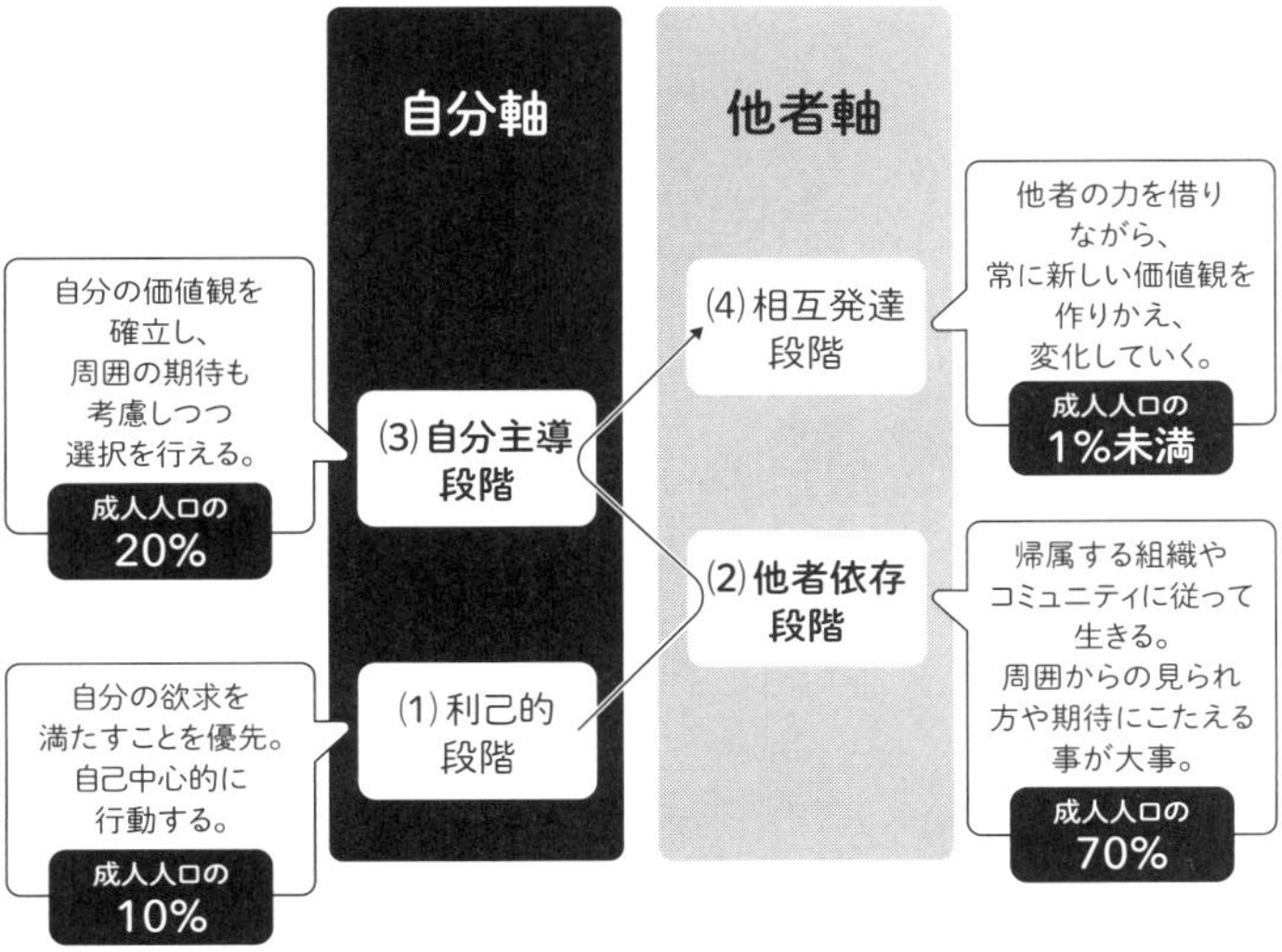

成人発達理論

自分軸と他者軸を往復しながら成長する

成人人口の70％が、既存の組織やコミュニティの人たちからの見られ方や期待に応える（2）の「他者依存段階」だと言われています。先ほど、斉藤さんや渡辺くんが、「人に言えるような立派な原体験がない」と言ったのは、まさに周囲からの見られ方を気にしている段階といえます。

他者の期待に応える段階から、次の段階にステップアップするためには、再び自分軸にもどることが必要だと言われています。自分の価値観を確立し、周囲の期待も考慮しつつ選択を行える（3）の自分主導段階に進むためには先ほど話をした「I-mode」に切りかえられるかどうかがポイントです。

　僕たちはついつい「誰かのために」と考えて、他者貢献が一番大事だと思いがちだけど、成長のためには「自分」と向き合い自分「主導」の行動ができるようにならなくてはいけないというわけです。

　では、引き続き〝私〟を主語にしてワークを続けていきましょう。

大川さん、私、できました。

お。ずいぶんたくさん書けましたね。

「映える」経験じゃなくてもいいんだと思ったら、気楽になりました。

それはいい傾向！　「I-mode」になってきたね。4つの表を見渡して、共通点があるなと感じたことはある？

人見知りなはずなのに、人との出会いで価値観が変わっていることが多いなと感じました。

あと、意外と直感的な選択をするのが気持ちいいみたい。

へぇ。そう思ったのは、どんなところから？

理系を選んだことも、会社に入ってから始めた社をまたいだ有志活動も、アート鑑賞にハマっているのも、なんか楽しいことがありそうと直感的に感じて飛び込んでるんですよね。その結果、人に出会うのが楽しい。

出会いが楽しい。

そうなんです。人見知りなんだけれど、人と出会った結果、価値観も変わっているようなんですよね。それが面白くて、直感的に飛び込むように行動が変化している気がします。

なるほど。

あと、これは関係ないかもしれないけれど、書いてたら急に思い出したシーンがありました。小学校の化学の実験で、オキシドールと二酸化マンガンで酸素を発生させるやつあるじゃないですか。あのとき初めて「触媒」という言葉を聞いて、なぜかめちゃくちゃ感動したんです。脇役なのにすげぇ！　って（笑）。

何そのマニアックな感性、超いいじゃん（笑）。そういう何気ない光景が蘇ってくるのも、このワークの楽しさだよね。

別冊6ページ

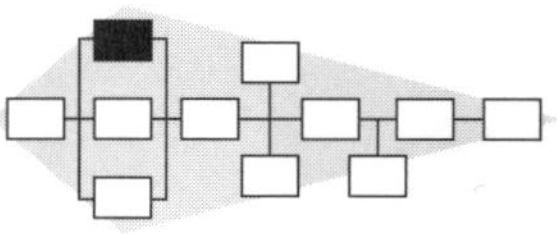

人生曲線を見ながら、緑色の各付箋の問いについて、左上から時計回りに書き出していきましょう。それぞれについても、「なんで？それで？ほんとう？」とさらに思考を深め、分解／深掘りしてください。

化学好き

自由な学校

自然科学
好き

好きを
選んだ

好きなことが
嫌いになりそう

小さい頃から
人見知り

好きなことは
何か考える

友達できた	苦手な理系を選択	ツラい研究室
今のモヤモヤ期	価値観／行動が変化した経験	社内有志活動に参加
アートとの出会い	所属会社の風土が変化	社外の有志活動に参加

なにか変わろうと
している自分

なんか面白そう
人見知りなのに

直感信じて

学び

新しい世界に
飛び込む

たのしい
ワクワク

社内外の交流
もたのしい

「やってみたい」と
素直に思った

会社と私の
理念の乖離

なにがした
かったんだっけ？

前向きで行動力
ある人との出会い

めっちゃ
嬉しそう

触媒すげぇ

自分は変わらない

新体操の大会での親の顔	中学受験合格発表	小学校の化学の実験
有志活動	また見たい光景／原風景	生徒会立候補演説
ロゴデザインを見せた時	出会ったその場で企画が生まれた	おばあちゃんちの庭

それが嬉しかった

オキシドールと二
酸化マンガンで酸
素発生させる実験

なぜか
感動した

子どもみたいに
はしゃぐ大人

文化祭みたい

人前に出たく
ないのによく
やったよね

嫌だったけど
ドキドキはして
楽しんだ感覚はある

「かっこいい」って
言ってくれた

超うれしい！
気持ちいい

「アート鑑賞
やってみよう」

意気投合

新しい世界に
飛び込む

出会いを
見るのが好きかも

なんでアートに
ハマったんだろう？

直感で
思い切れる

出会いが好き？

リケジョ

共通点ある？
それとも逆だから？

イマやミライの自分に影響を与えている「原体験」を探索する

●斉藤さんの原体験探索

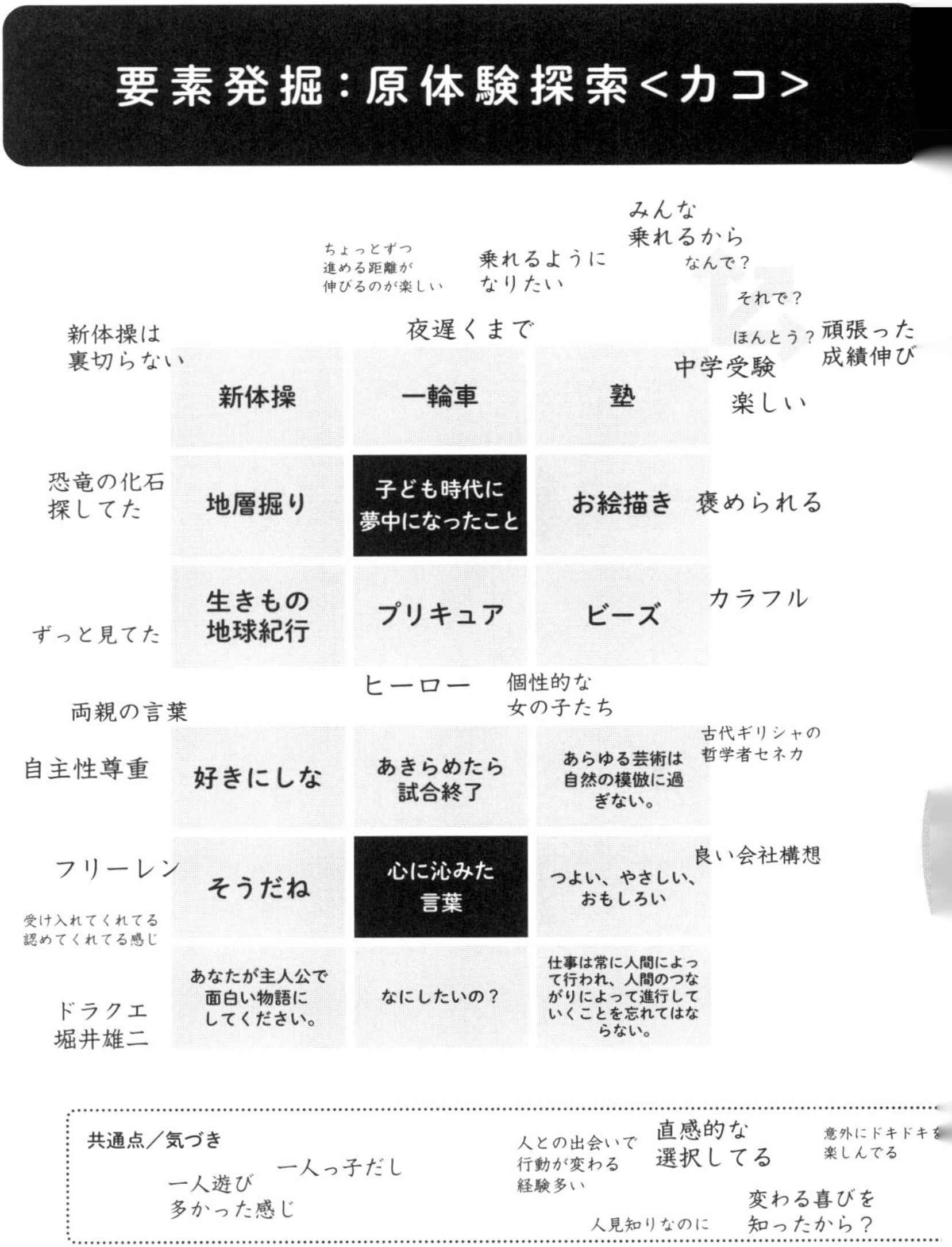
要素発掘：原体験探索<カコ>
ちょっとずつ
進める距離が
伸びるのが楽しい
乗れるように
なりたい
みんな
乗れるから
なんで？
それで？
ほんとう？
頑張った
成績伸び
新体操は
裏切らない
夜遅くまで
中学受験
楽しい
新体操
一輪車
塾
恐竜の化石
探してた
地層掘り
子ども時代に
夢中になったこと
お絵描き
褒められる
ずっと見てた
生きもの
地球紀行
プリキュア
ビーズ
カラフル
ヒーロー
個性的な
女の子たち
両親の言葉
自主性尊重
好きにしな
あきらめたら
試合終了
あらゆる芸術は
自然の模倣に過
ぎない。
古代ギリシャの
哲学者セネカ
フリーレン
受け入れてくれてる
認めてくれてる感じ
そうだね
心に沁みた
言葉
つよい、やさしい、
おもしろい
良い会社構想
ドラクエ
堀井雄二
あなたが主人公で
面白い物語に
してください。
なにしたいの？
仕事は常に人間によって行われ、人間のつながりによって進行していくことを忘れてはならない。
共通点／気づき
一人遊び
多かった感じ
一人っ子だし
人との出会いで
行動が変わる
経験多い
人見知りなのに
直感的な
選択してる
変わる喜びを
知ったから？
意外にドキドキを
楽しんでる

別冊6ページ

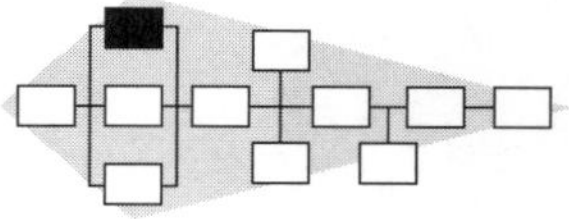

人生曲線を見ながら、緑色の各付箋の問いについて、左上から時計回りに書き出していきましょう。それぞれについても、「なんで？それで？ほんとう？」とさらに思考を深め、分解／深掘りしてください。

隣町の小学校と一緒の中学校に	荒れ果てた高校	違う人に会うために激しく勉強した
はじめての書籍編集	価値観／行動が変化した経験	たくさんの人と出会った
サラリーマンからフリーランスへ	憧れの出版社に入社	コミュニティ立ち上げ

新しい友達
違う価値観
初越境経験
夜遊ぶ、
毎日寝不足
楽しいが虚しい
何も生み出してない
感覚
浪人し
偏差値27から70へ
努力した人たちが
集まる場へいきたい
ハードすぎたが
その分の達成感
やばい
身の一冊
共感から
企画立ち上げ
5つのサークル、
20のバイト
自由の実感
フリーランス同士
でのチーム仕事が
最高に楽しかった
全部が遊び
みたいな感覚
でも死ぬほど
忙しかった
面白い仲間と
国際交流
飲みサー

自分がつくった本を目の前の1000人が同時に読んで感想を言い合っている光景	ネパールで死にかけた時、意識を取り戻したときに目に入った病院の天井	みんなが学級新聞を見て笑っている
脱稿の瞬間	また見たい光景／原風景	大学の合格発表
富士山山頂からのご来光	徹夜明けの朝日	乾杯

イベント
生を感じた瞬間
どの飲み会も
乾杯の瞬間が
記憶に残っている
終わった一感

お酒
これも
フック…
「一杯
ひっかける」

イマやミライの自分に影響を与えている「原体験」を探索する

● 渡辺くんの原体験探索

要素発掘：原体験探索<カコ>

なんで？
それで？
ほんとう？
ものづくり
楽しい

ビックリマン	虫取り	工作
ミニ四駆	子ども時代に夢中になったこと	漫画を描く
折り紙	学級新聞	図鑑
絵描いてよ	「編集長！」	そろそろ本気出す？
オモロー！	心に沁みた言葉	明日に延ばしてもいいのは、やり残して死んでもかまわないことだけだ。
最高でしたね	のみいこ！	『覚悟』とは!! 暗闇の荒野に!! 進むべき道を切り開く事だッ！

父親が
漫画好き

写経

改造

このころから
「紙」好きかも

自分の妄想で
図鑑制作

手の感触

取材から
呼ばれて気持ち
よかった

小学校時代

期待されてた

こっそり
たくさん練習

テストの裏

やる気出る
元気出る

ピカソ

仕事を
振り返るとき

何気ない一言

共通点／気づき

自分から意図的に
フックしたい

本づくり

心が何かに
引っかかった時に
行動が変わっている

心が引っかかる
きっかけをつくる

絵とか学級新聞が
フックする
プロダクト

フックと
ブック……

僕も書きました。これ、最初は本当に書けるかな？　と思ったけれど、書き始めると楽しいですね。

渡辺くんはどんな原体験が？

昔、絵を描いていたことと、学級新聞をつくっていたことを思い出しました。

ほうほう。

で、絵はみんなが喜んでくれるので、こっそりテスト用紙の裏とかで練習していたんですよね。

期待に応えたかったのかな。

それもあるんですけれど、完成したときに、みんなが「おおおお！」となるのが嬉しくて。で、どうやら僕、「終わったー！」と思う瞬間が好きなんじゃないかなと。

たとえば？

もう一度見たいと思う光景が、みんなが僕のつくった学級新聞を見てくれているときとか、受験の合格発表の瞬間とか、夜通し富士山に登ったときのご来光とか。なんか、終わった瞬間の疲労もあるけれど、達成感もあって、だけどとにかく最高！　みたいなことを味わいたくていろいろやっているような気がします。

それは、渡辺くんならではの言語化だね。

何かを達成したときの場の高揚感のようなものに思い入れがあるのかもしれないです。そういうときに飲むお酒って、最高に美味しいですもんね。

じゃあ次は、別冊8ページの「偏愛深耕〈イマ〉」というワークを開いてくださいね。自分の「好き」について書き出していきましょう。特に「偏愛」と呼ばれるくらい「偏った愛」について深掘りをしてみよう。最初は8個、好きなものを書き出してみて。

偏愛って、趣味とか推しのことですか？

うーん、僕、無趣味なのであんまり「偏愛」ってないんですけれど。

趣味や推しじゃなくてもいいんだよね。毎日何かを選択するときに、こっちのほうが好きだなと思うときがあるでしょ。そういう「好き」がどうして生まれているのかを言語化したいんだよね。

マンガの『キングダム』が好きとか、そのレベル感でいいんですか？

うん！　それでいい。まずは、8個、好きなものを書き出してみよう。

イマの自分が愛してやまない「偏った愛」をできるだけマニアックに書き出してください。その中から２つの偏愛について、理由を深掘ってみましょう。
また、偏愛からくる「義憤」や「問題意識」についても書き出してみましょう。

別冊８ページ

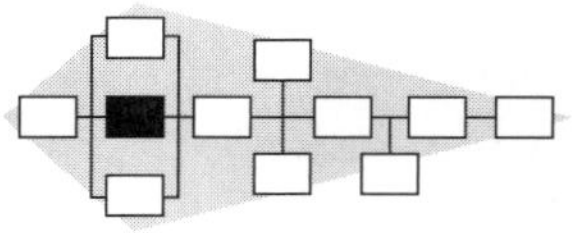

要素発掘：偏愛深耕<イマ>

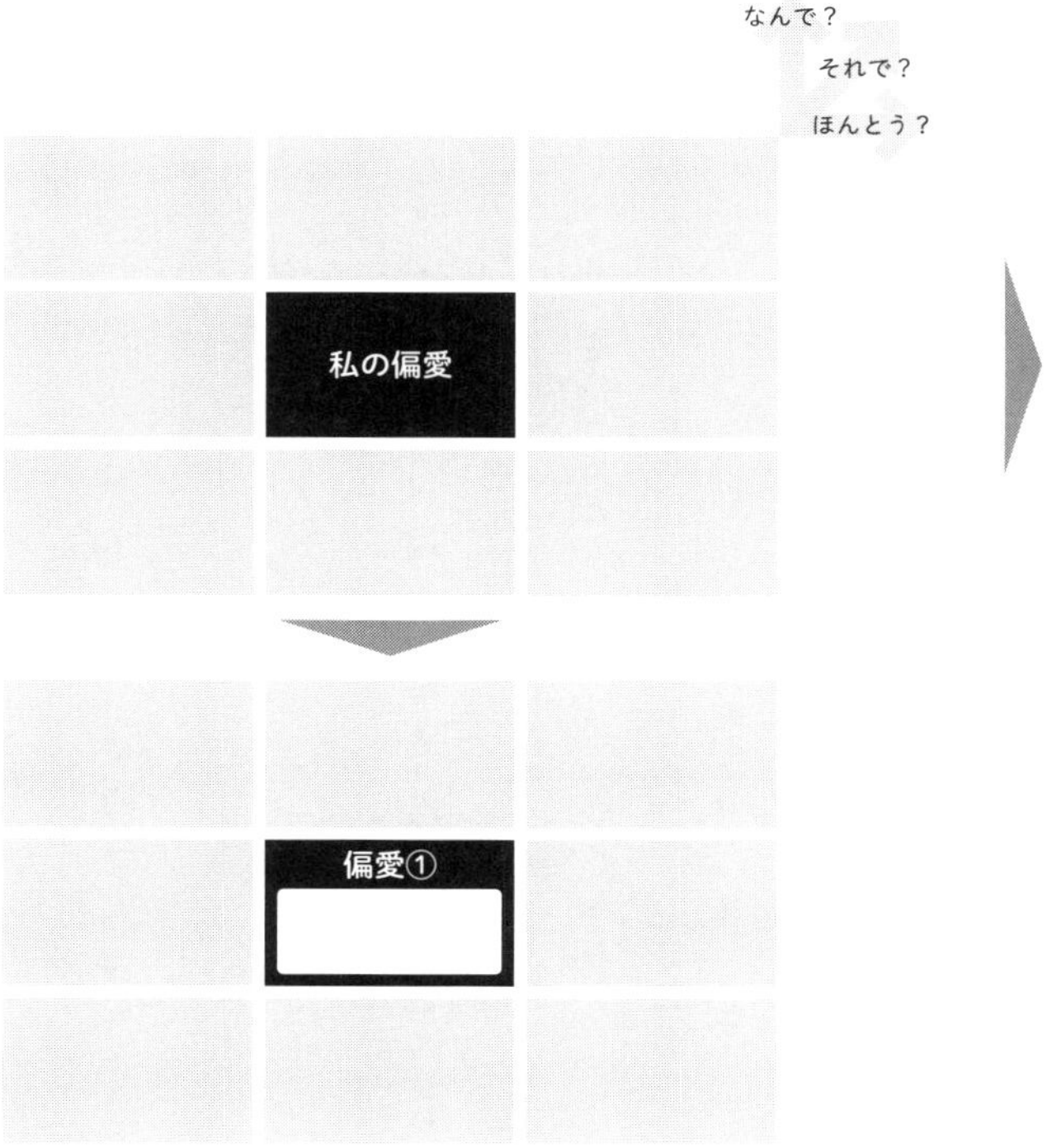

共通点／気づき

書けました。僕が書いたのは「アウトドア」「乾杯」「起業家（のような人も）」「カラオケ」「飲み会の雰囲気」「折り紙」「紙の本」「適当であること」の8個。乾杯と飲み会の雰囲気とカラオケって、パリピ感ありますね（笑）。

たしかに（笑）。それぞれのどんなところが好きか、横に簡単に理由を書き出してみようか。このときも「なんで？」「それで？」「ほんとう？」を自問するといいですよ。たとえば、渡辺くんはなんで乾杯が好きなの？

戦国武将的な。

戦国武将？

戦いが終わったあとの、仲間との一杯、みたいな美味い乾杯ができたらいいなあと思って。あ、これもやっぱり『キングダム』っぽいですね。

いいですね、いいですね。映像が浮かんでくる！ 同じ「乾杯」が好きでも、その理由のほうにその人のこだわりが見えてくるんですよね。ここは何でも思いついたことを書き足してみてください。

● 渡辺くんの偏愛深耕（Before）

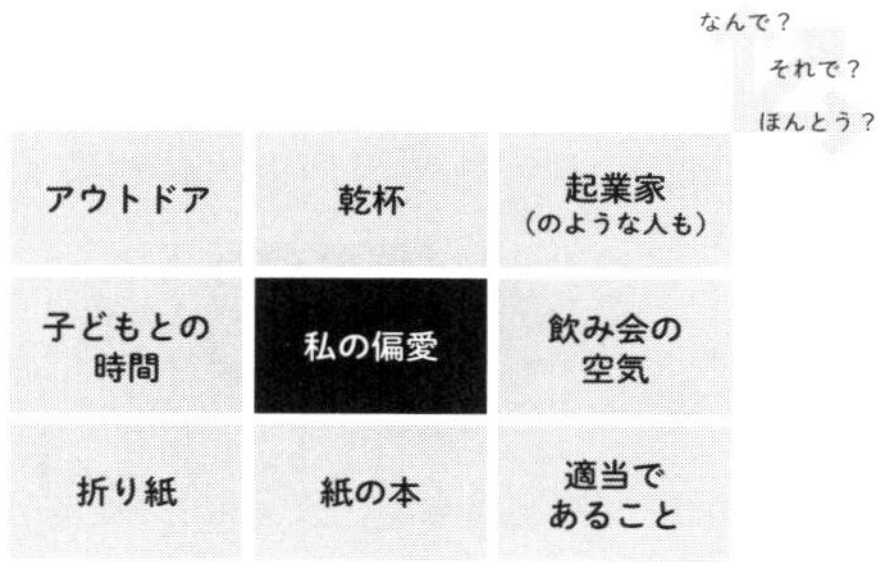
なんで？
それで？
ほんとう？
アウトドア
乾杯
起業家
（のような人も）
子どもとの
時間
私の偏愛
飲み会の
空気
折り紙
紙の本
適当で
あること

● 渡辺くんの偏愛深耕（After）

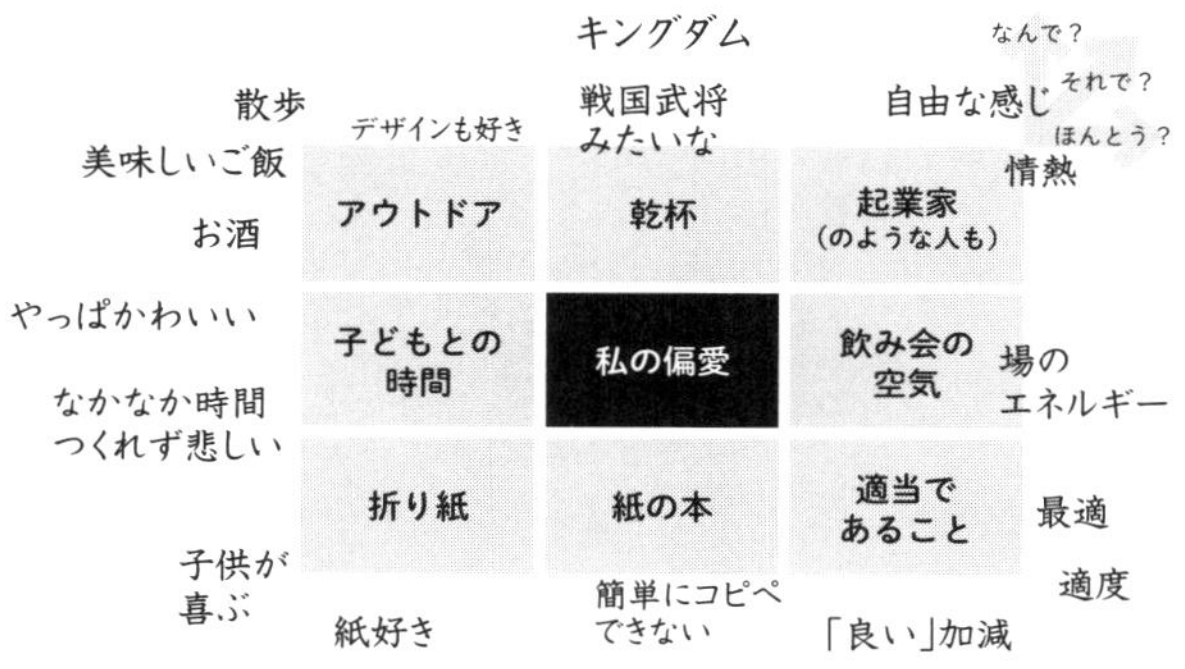
キングダム
なんで？
それで？
ほんとう？
散歩
デザインも好き
戦国武将
みたいな
自由な感じ
美味しいご飯
情熱
お酒
アウトドア
乾杯
起業家
（のような人も）
やっぱかわいい
子どもとの
時間
私の偏愛
飲み会の
空気
場の
エネルギー
なかなか時間
つくれず悲しい
折り紙
紙の本
適当で
あること
最適
子供が
喜ぶ
適度
紙好き
簡単にコピペ
できない
「良い」加減

●渡辺くんの偏愛①

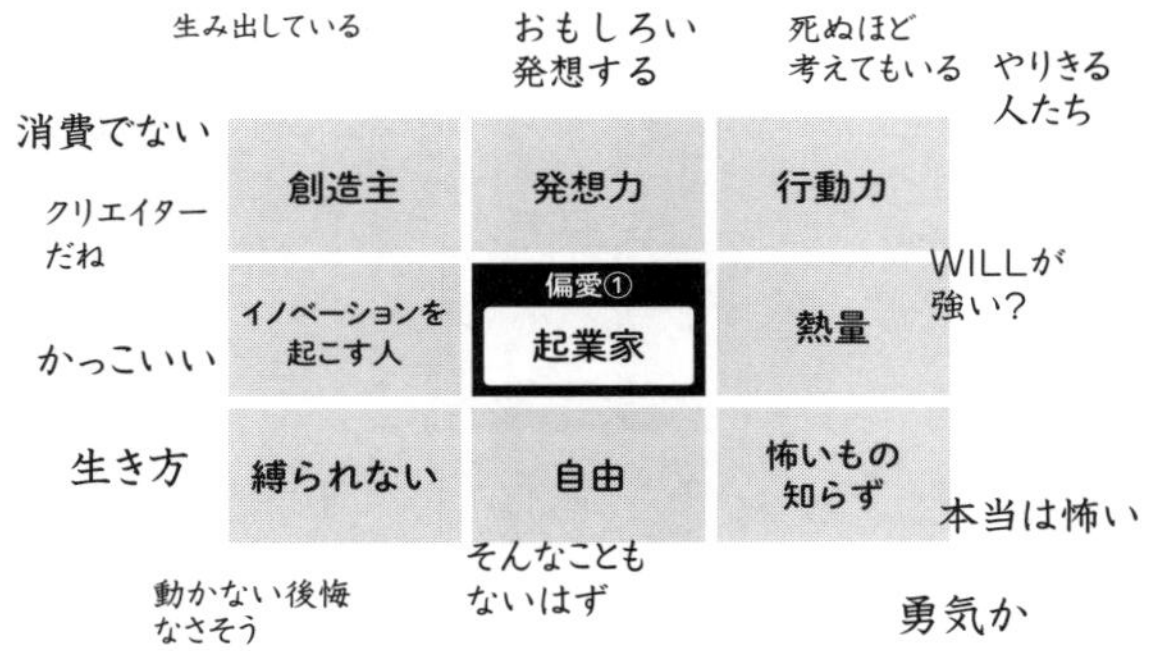

次は、この偏愛のうち、特に好きなものを2つ選んでその理由を書き出してみよう。

僕は、「起業家（のような人も）」と「アウトドア」を深掘りしました。

最初に会ったときも起業家精神を持っている人に憧れるって言ってたよね。

そうなんです。で、憧れると同時に、ちょっと嫉妬するところもあります。

嫉妬？

うん、自分もそうでありたいなと思う気持ちかな。たとえば、熱量の高さ。大川さんとのワークを始めてから、この熱量の高さって、彼らのＷＩＬＬが明確で強いからかなあ、と考えたり。あと「創造力」や「発想力」にも憧れます。なんか生み出している

●渡辺くんの偏愛②

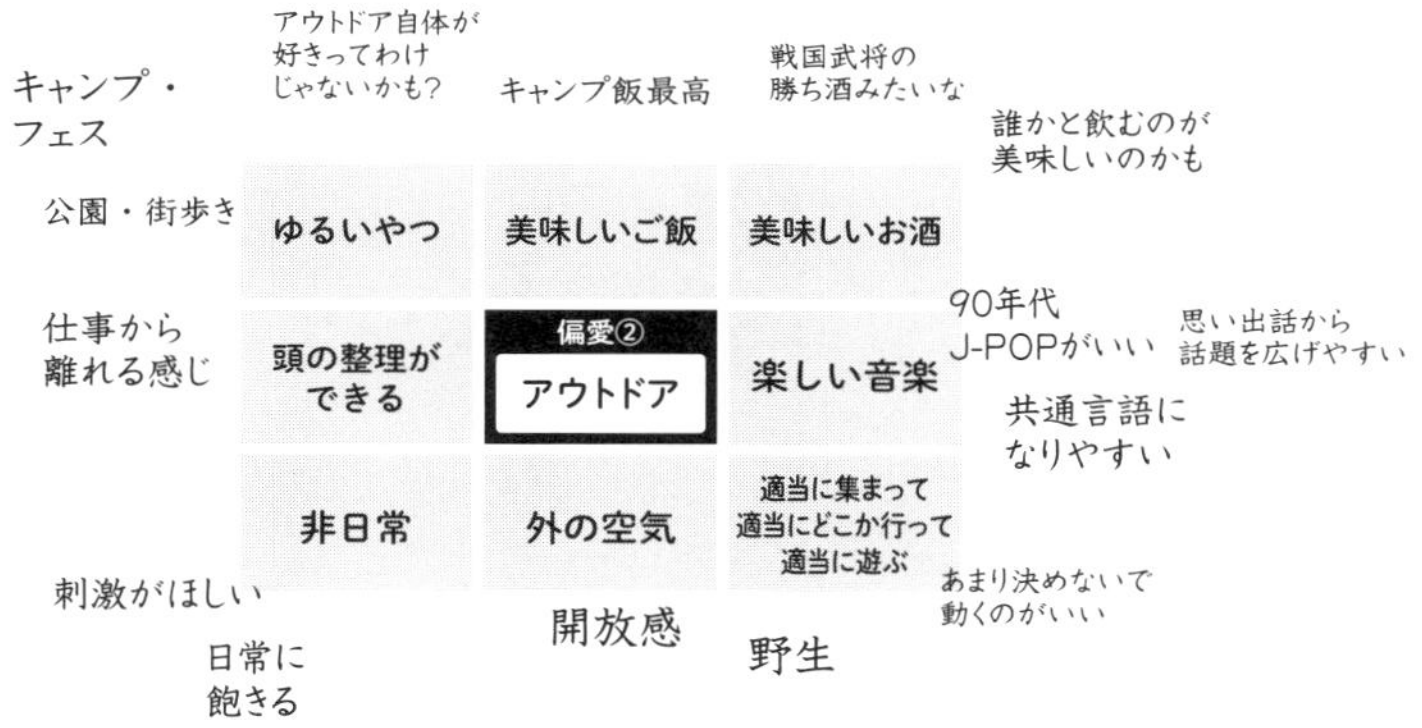
キャンプ・フェス
アウトドア自体が好きってわけじゃないかも？
キャンプ飯最高
戦国武将の勝ち酒みたいな
誰かと飲むのが美味しいのかも
公園・街歩き
ゆるいやつ
美味しいご飯
美味しいお酒
仕事から離れる感じ
頭の整理ができる
偏愛②
アウトドア
楽しい音楽
90年代 J-POPがいい
思い出話から話題を広げやすい
共通言語になりやすい
非日常
外の空気
適当に集まって適当にどこか行って適当に遊ぶ
あまり決めないで動くのがいい
刺激がほしい
日常に飽きる
開放感
野生

感！ 消費ではなく、生産している感じ。

あ、壁新聞とか、本づくりにもつながりそうなキーワードですね。

たしかに！ あと、メンタル的な面も魅力なんですよね。縛られていない感じ、自由な感じ。怖いもの知らずな感じ。でも書き出してみて思ったのは、本当に自由かというと、自由なばかりじゃないだろうし、怖いけれど挑戦しているんだろうなと。

理由を考えることで、ぐんと自分の「好き」に対する解像度があがっていますね。

アウトドアのほうも、単に外を歩ければ良いわけではないと気づきました。好きなシチュエーションがあるし、空気の綺麗さや音楽、美味しいご飯とお酒がほしい！

欲深い（笑）。

欲深いのはすごく大事です。何の制限もなかったとしたら、どんな自分でいたいか。どんな状態が自分にとって最高！　と言えるのかを考えることは、ＷＩＬＬを言語化するときに大きな手がかりになりますよ。

あとから出てくる言葉にダイヤの原石が

渡辺くんは偏愛をだいぶ深く掘れたようですね。もし、うまく言葉が出てこなかった人がいたら、マトリクスの書き方のコツをお伝えします。別冊26ページの補助ワークで練習しましょう。

このマトリクスは、真ん中に主題となる質問が書いてあります。左上から時計回りに「質問から思いついたこと」を埋めていきます。ポイントは、8マス全部をなんとか埋めようとすること。

大抵の場合、1、2マスはすぐ書けるけど、後半になるほど言葉が出にくくなります。でも、**ここでなんとか埋めた最後のほうのマスに、自分のＷＩＬＬに結びつくダ**

●渡辺くんの分解／深掘り

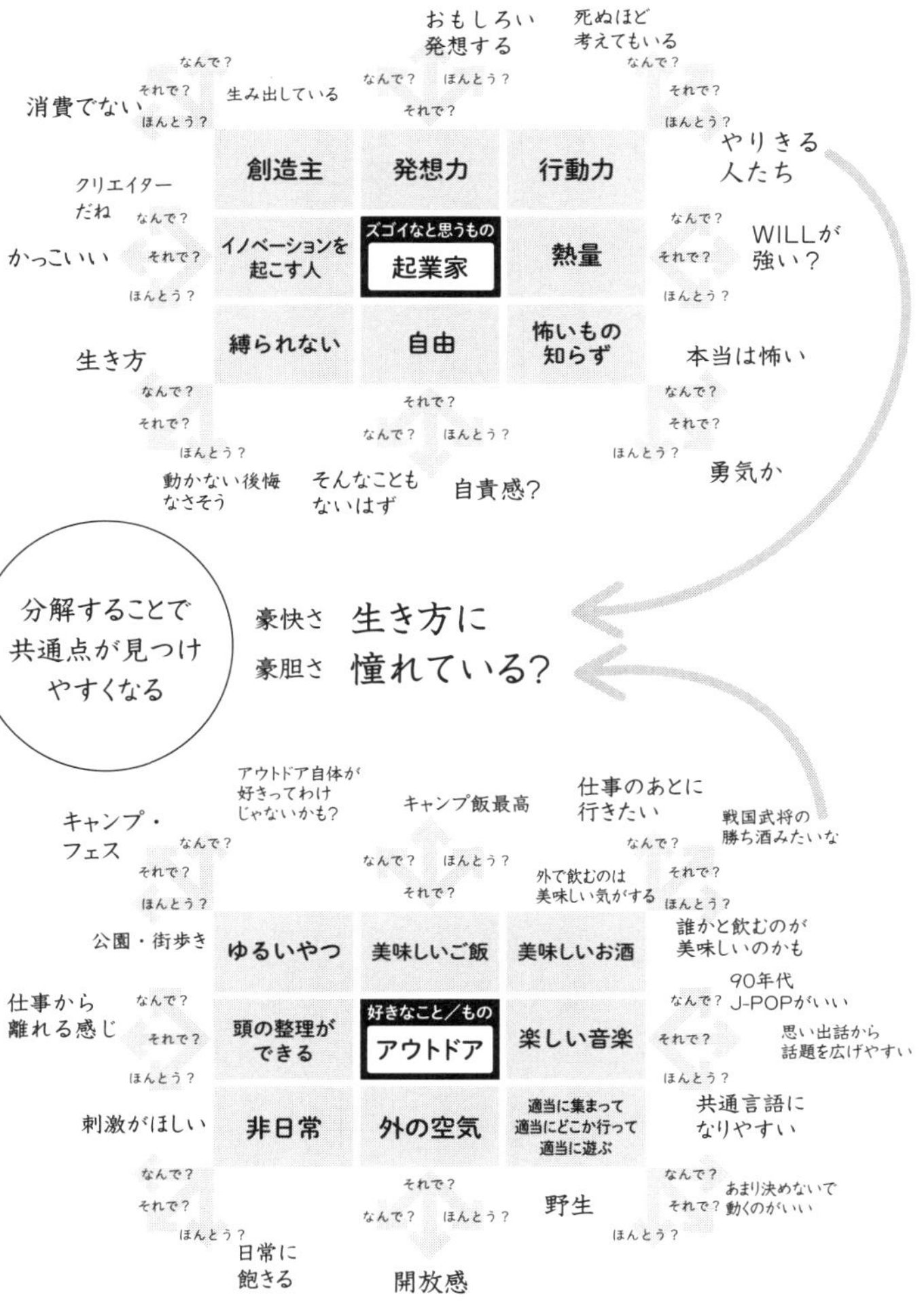
おもしろい
発想する
死ぬほど
考えてもいる
生み出している
消費でない
なんで？
それで？
ほんとう？
創造主
発想力
行動力
やりきる
人たち
クリエイター
だね
かっこいい
イノベーションを
起こす人
ズゴイなと思うもの
起業家
熱量
WILLが
強い？
縛られない
自由
怖いもの
知らず
生き方
本当は怖い
動かない後悔
なさそう
そんなことも
ないはず
自責感？
勇気か
分解することで
共通点が見つけ
やすくなる
豪快さ
豪胆さ
生き方に
憧れている？
アウトドア自体が
好きってわけ
じゃないかも？
キャンプ飯最高
仕事のあとに
行きたい
キャンプ・
フェス
戦国武将の
勝ち酒みたいな
外で飲むのは
美味しい気がする
公園・街歩き
ゆるいやつ
美味しいご飯
美味しいお酒
誰かと飲むのが
美味しいのかも
仕事から
離れる感じ
頭の整理が
できる
好きなこと／もの
アウトドア
楽しい音楽
90年代
J-POPがいい
思い出話から
話題を広げやすい
刺激がほしい
非日常
外の空気
適当に集まって
適当にどこか行って
適当に遊ぶ
共通言語に
なりやすい
野生
あまり決めないで
動くのがいい
日常に
飽きる
開放感

イヤの原石がある場合が多いのです。

もし8マス埋まったあとも何か思いつくことがあったら、枠にこだわらず、周りの余白に思いついた言葉をどんどん書いていきましょう。重複しても大丈夫です。2人のように、急に言葉が溢れ出すこともあるので、それを取りこぼさないように全部メモしておく感覚で進めてみてください。

これはＷＩＬＬに関係ないかも？　などと取捨選択する必要はありません。思いついたものは全部書くというルールにしてしまうと、書きやすくなります。そして「関係ない」と思っていたことが、あとで意外なつながりを見せることもあります。

私も書けましたよ！　「アート」「自社」「自然科学」「化学実験」「有志活動」「B'z」「劇伴音楽」「食器」になりました。

斉藤さんの「劇伴音楽」が好きな理由の「目立たないけれど世界観をつくっている」とか、勝手なイメージだけど「斉藤さんっぽい」って思ったよ。

私も書いていて気づいたんですけれど、全面的に表に出るものよりも、縁の下の力持ち的なところに惹かれるのかも。

● 斉藤さんの偏愛深耕（Before）

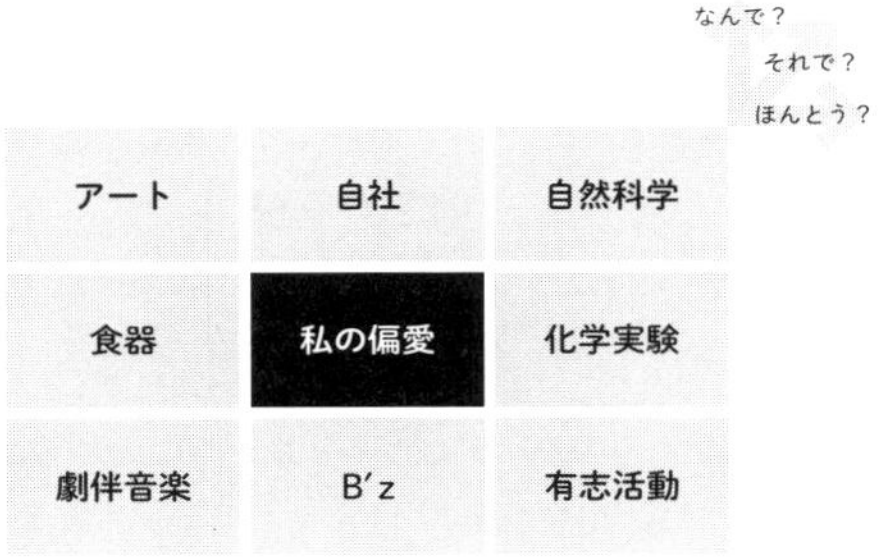

● 斉藤さんの偏愛深耕（After）

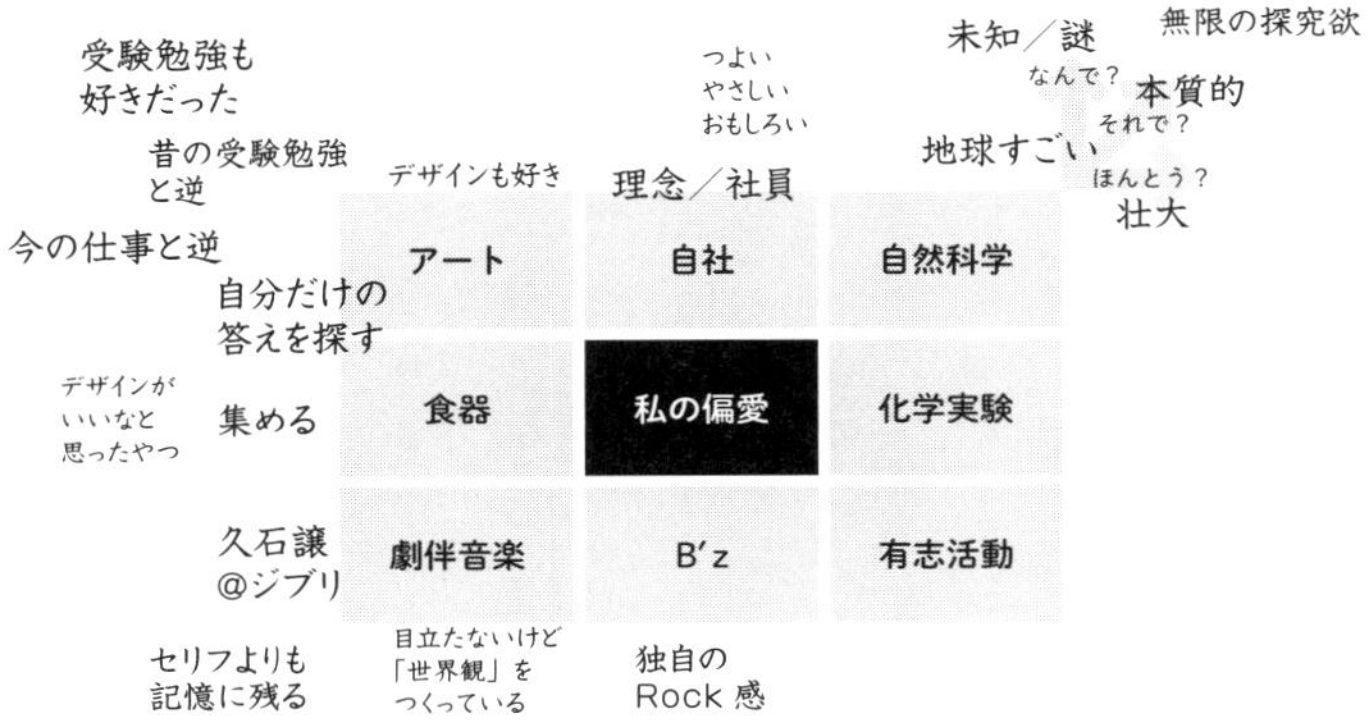

● 斉藤さんの偏愛①

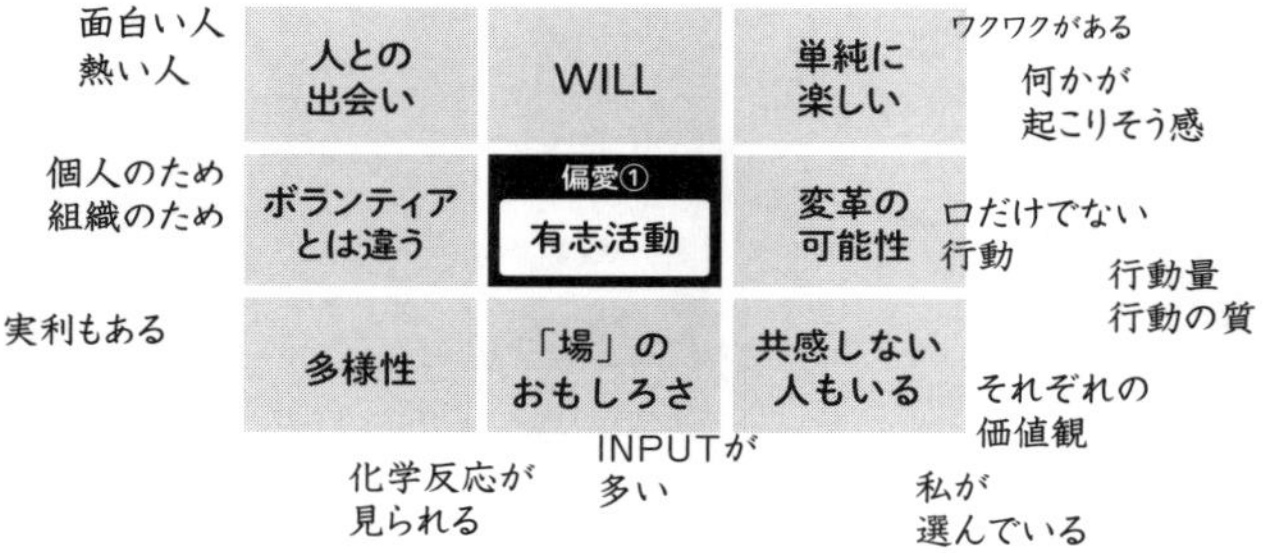
面白い人
熱い人
人との出会い
WILL
単純に楽しい
ワクワクがある
何かが起こりそう感
個人のため
組織のため
ボランティアとは違う
偏愛①
有志活動
変革の可能性
口だけでない行動
行動量
行動の質
実利もある
多様性
「場」のおもしろさ
共感しない人もいる
それぞれの価値観
化学反応が見られる
INPUTが多い
私が選んでいる

お。そうやって「なんで？」を自問自答できるといいですね。斉藤さんも、「なんで？」「それで？」「ほんとう？」を自分に問いかけて、思いついたことを書き足してみよう。

これを見ていると、アートやデザインって言葉がよく出てくるね。

たしかに！ 企画の仕事って私から遠いと思っていたけれど、意外とそうでもないのかも。

じゃあ、斉藤さんもこの8個の中で、もうちょっと深掘りしてみたいというものを2つ選んで、詳しく理由を書いてみよう。

「有志活動」と「化学実験」を深掘りしました。有志活動のほうは、勉強会みたいな

● 斉藤さんの偏愛②

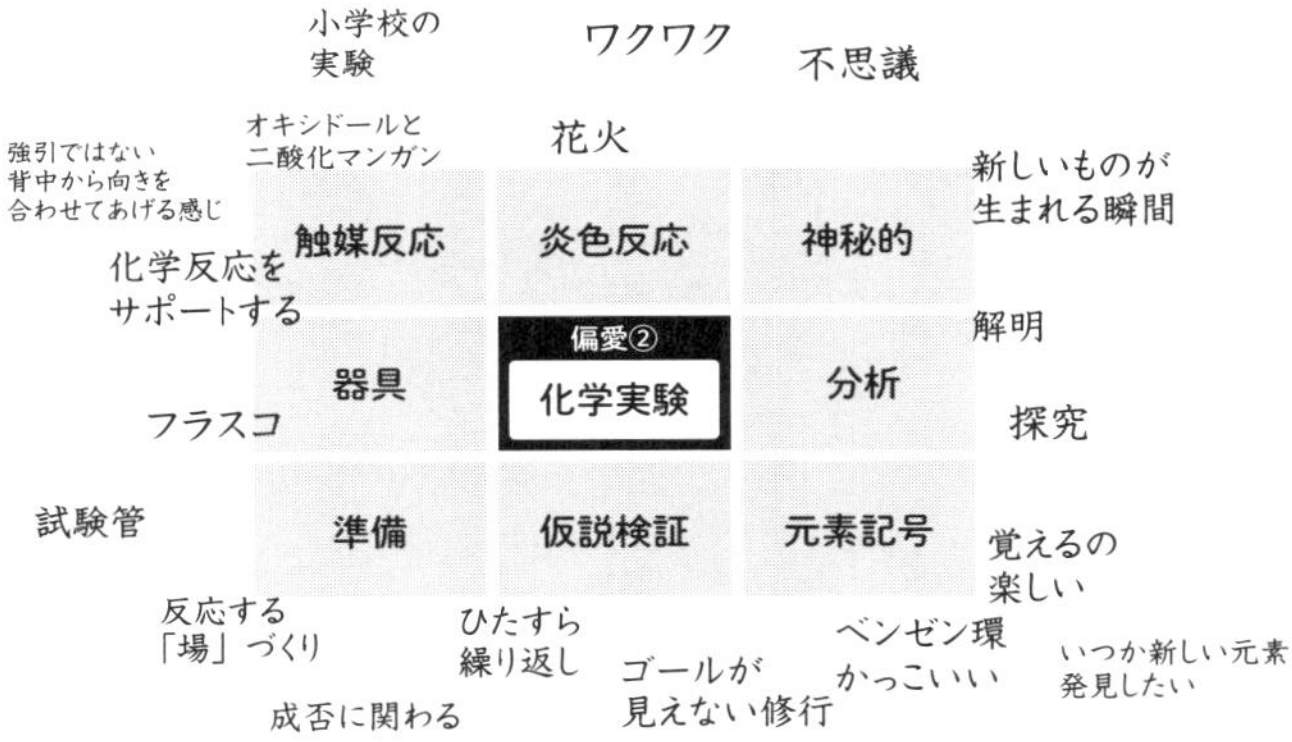
小学校の
実験
ワクワク
不思議
オキシドールと
二酸化マンガン
花火
強引ではない
背中から向きを
合わせてあげる感じ
新しいものが
生まれる瞬間
触媒反応
炎色反応
神秘的
化学反応を
サポートする
解明
偏愛②
化学実験
器具
分析
フラスコ
探究
試験管
準備
仮説検証
元素記号
覚えるの
楽しい
反応する
「場」づくり
ひたすら
繰り返し
ベンゼン環
かっこいい
ゴールが
見えない修行
いつか新しい元素
発見したい
成否に関わる

感じです。いろんな異業種の人たちが集まって、好きなテーマで学びを深めたり、新しい活動を立ち上げたりしていました。大川さんとの出会いも、この有志活動でしたよね。この有志活動から、部門や会社を飛び越えたコラボが生まれたりもして。

深掘りをしてみて、どうだった？

単純に楽しいんですよね。いろんな人が集まってインプットできるのも楽しいし、業種の違う人たちの化学反応が見られるのも面白い。大企業に勤めていると、となりの部署の人すらよく知らなかったりするから、そういう人たちの話を聞くといろんな発想が湧きます。

「共感しない人もいる」と書いてるね。

こういう有志活動をしていると、ときどき「意識高い系」とか揶揄されることもあるんですよね。でも、それはあまり気にならなくて。

どうして？

うーん、自分で選んで参加していることだから？　自分のためにもなってるし、多分組織にも還元できているし。中の人たちもいろんな人がいて個性的だけど、それぞれの価値観の違いが面白いなって思います。

化学実験のほうは？

これは、ゴールが見えない修行みたいなところが好きなんですよね。仮説を立てて検証して。準備も大事だし。地道な作業なのだけれど、新しいものが生まれる瞬間の化学反応、その神秘的な感じにワクワクします。

さっき有志活動の面白さでも「化学反応」という言葉が出てきたよね。今もまた「化学反応」という言葉が出てきた。

ほんとだ！　大川さん、ベンゼン環って知ってます？

●ベンゼン環

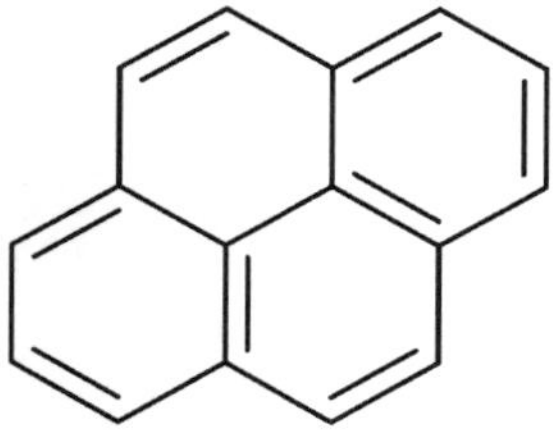

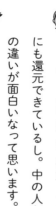

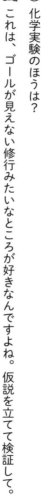

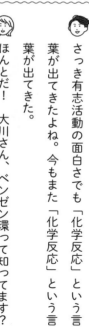

あの六角形みたいなやつ？

そうです、そうです！　あれ、めちゃくちゃ萌えるんですよ。つながって広がる感じが、人間も化学も同じだなあって思って。

お！　きた、斉藤さんにしか言えない言葉だね。

有機化学をやっていると、やっぱり人も有機物だなあって思うんですよ。これ、マニアックすぎますか？

いや、WILLを発掘するには、マニアックな言葉を探していくのがいいんだよ。それこそが、その人の「らしさ」になるからね。特に、偏愛を深掘りしていくと、自分が何を大切にしているか、見えてくるよね。

好きの理由を考える

最初は「偏愛なんてない」と言っていた2人ですが、実際に書き出してみると、スペースが足りないくらい、芋づる式にいろんな言葉が出てきました。

大事なのは、「好き」の理由を考えることです。「どこでテンションがあがるのか？」

「似たようなものと何が違うのか？」などと問いかけていくと、自分の偏愛（＝こだわり）が見えてきます。

一方で、好きだから許せないこともあるはずです。最近、腹が立ったことはあるでしょうか？「義憤」や「問題意識」も考えてみましょう。あなたはどんなときにイラっときますか？「こうすればいいのに！」と思うことは何でしょうか。

義憤ですか？　難しいなあ……。

好きなものを書き出す理由はわかる気がするんです。ＷＩＬＬって、自分が好きなもの、大切にしているものの先にある気がするから。でも、嫌なことを書き出すのはどうしてですか？

実は、**「やりたくない」「これは嫌！」と思うことにも、自分の価値観が強く影響しているんだよね。**

ああ、そうか。転職活動でもよく「やりたくないこと」を最初に決めなさいと言われたりしますよね。

そうそう。あと、単なる「嫌」だけではなく、義憤を感じることや問題意識というのは、

●斉藤さんの義憤

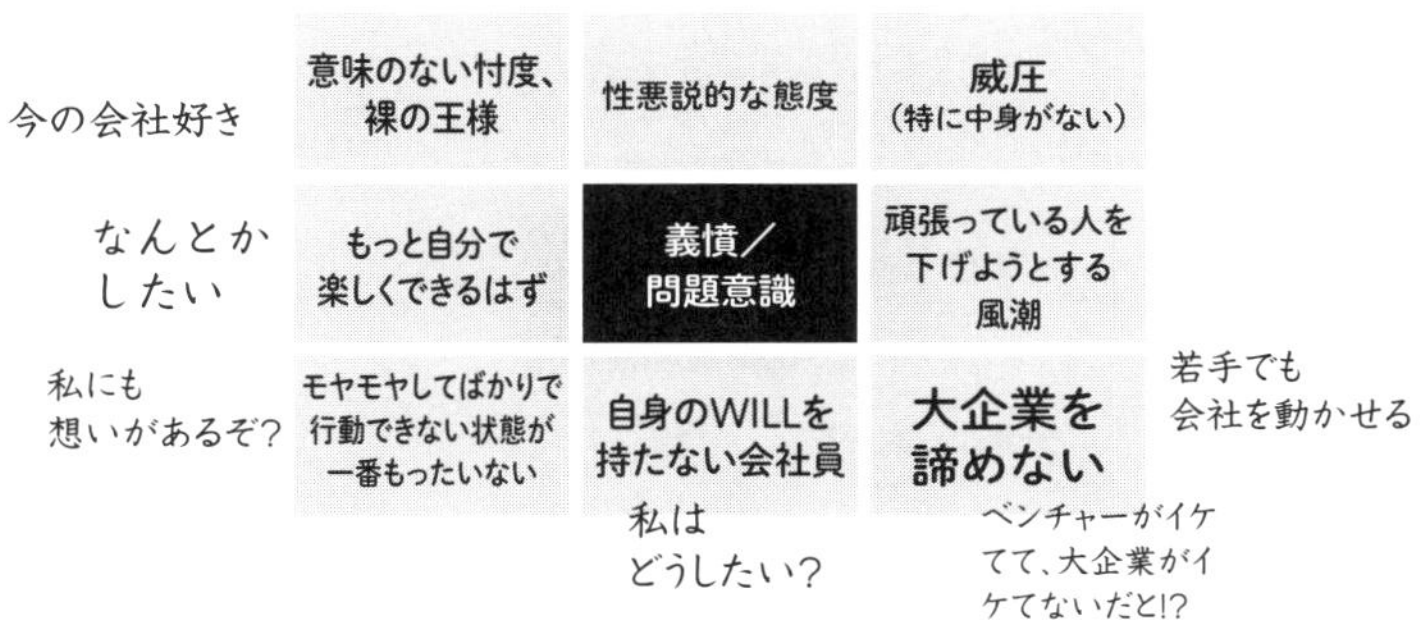
今の会社好き
意味のない忖度、裸の王様
性悪説的な態度
威圧（特に中身がない）
なんとかしたい
もっと自分で楽しくできるはず
義憤／問題意識
頑張っている人を下げようとする風潮
私にも想いがあるぞ？
モヤモヤしてばかりで行動できない状態が一番もったいない
自身のWILLを持たない会社員
大企業を諦めない
若手でも会社を動かせる
私はどうしたい？
ベンチャーがイケてて、大企業がイケてないだと!?

この先自分が解決したい課題であるケースも多いんです。今の自分と、将来の自分の「差分」と言えばいいかな。

私は自分自身よりも、人に対して「もったいない」って思っている気持ちが強いみたい。自分のこともまだまだなのに、世話焼きをしたい気持ちがある。あと、頑張ろうとしている人の足を引っ張る行為がすごく嫌いです。大企業でも、若手でも、会社を動かせると思っているし、それを諦めたくないって思ってる。

ベンチャーがイケてて、大企業がイケてないだと!? というメモがいいですね（笑）。

今の環境でも、もっと楽しくできるはず！ って思うんですよね。意外とたぎっ

●渡辺くんの義憤

変化がほしい

うまく いかないほうがいい	予定調和	あまりにもきっちりと物事が進むと気持ち悪い	価値観の押し付けは嫌だ
自由	縛られながら生きること	義憤／問題意識	子どもに対して胸を張れる生き方か
意味を考えろ	勉強のための勉強	仕事とプライベートの切り分け	むき出しの付き合いがしたい

混ぜたい

てますね、私（笑）。

とてもいい感じ！　自分の内側を掘り起こしていくと、自分でもびっくりするような言葉が出てくるときがあるんだよね。でも、意外とそういう言葉ほど、自分にぴったりきたりする。渡辺くんはどうですか？

僕は予定調和が嫌、縛られるのが嫌、きちっと進むのが嫌。書いていて思ったのですが、僕が転職したいと考えるようになったのは、「先が見えてしまう」ことへの漠然とした不安だったのかもしれません。

もう少し詳しく聞いてもいい？

予想がついてしまうことには、燃えない。初めてのことに取り組んでいたいという感じかなあ。そういえば、先ほど偏愛で「子どもとの時間」が好きと書いたのですが、子どもってまったく予測不可能なんですよね。育休中も、一緒にいると、いろんな気づきがあってびっくりしました。その自由さというか、どこに転がるかわからない人生を楽しみたい感じがあるのだと思います。

プライベートと仕事を混ぜたいというのも？

そうですね。子どもとの時間と仕事の時間、友達と飲みにいく時間と取材の時間、そんなにきっちり分けなくて良い気がして。僕の仕事だと必ずしも会社に出社する必要はないので、働く場所も、もっと自由でありたいなと思いました。

2人とも、自分が大事にしている価値観が、どんどん見えてきていて、いいですね。このように、具体的に書き出した「偏愛」や「義憤」について共通点を探すことは、「抽象化」の作業と言えます。

抽象化。

そう。なぜ抽象化するのが良いかというと……。

抽象化するメリット

抽象化とは、具体的な事象の本質を捉えることです。たとえば、僕は「スキー」が大好きです。そして新卒から勤めていた「富士ゼロックス」が好きです。この2つの共通点を考えると、「自由に表現ができる余白がある」ということだったと気づきました。

それだけではなく、「人馬一体感」も好きだったんじゃないかなと気づきました。乗り物であるスキー板や会社のリソースと、それを乗りこなす人との一体感。これが好きなのかもしれないと思ったのです。

どちらが主従というわけではなく、双方に影響し合っている。この感じが、両方の共通点かもと思ったのです。マニアックな抽象化ですが、でも、こういうマニアックなところに、自分独自の価値観が見えてくるのだと思います。

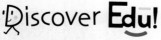

トレーニング：抽象化
一見関係なさそうな事例を抽象化することによって共通点を見つけてみましょう。
「AとはBである」というお題に対して、「B」から抽象的な要素を抜き出して「A」との共通点を説明してみてください。
補助ワーク
「A」
「B」
とは
ある。なぜなら、
❶
❷
❸

「抽象化力」を鍛えることで、異なる事象に通底する「軸」を言語化することができるようになる

抽象化の良いところは、ものごとを抽象化することによって汎用性、再現性、転用性が高まることです。

たとえば斉藤さんは、「化学実験が好き」や「有志活動の出会いが楽しい」という要素などから、「AとBをつなげる」ことがやりたいのではないか、と抽象化することができます。

「つなげる」という抽象化ができると、「劇判音楽も、世界観をつなげているから好きなのかも（汎用性）」「いつもはなんとなく参加してた勉強会だけど、今度は意識的に会で学んだことを仕事につないでみよう（再現性）」「アート鑑賞も誰かと一緒に見ることで人をつなぐきっかけになるかも（転用性）」というように思考を展開することが可能になります。

一見関係なさそうな事例を抽象化することによって共通点を見つけてみましょう。
「AとはBである」というお題に対して、「B」から抽象的な要素を抜き出して「A」との共通点を説明してみてください。

別冊28ページ

補助ワーク

❶ 変化の激しい環境の中で、安定してパフォーマンスを出さねばならない
❷ ひたすらPDCAを回し、上達していく
❸ 滑り切ったあとの爽快感、疾走感がたまらない

❶ いつまで見ていても飽きない（火も、子どもたちも）
❷ 人が集い、コミュニケーションをする場
❸ 薪のようによく燃える素材と、火と酸素を送り込む先生の組み合わせが大事

❶ 段取りが大事
❷ 包丁の入れ方のような細かいこだわりひとつで、食感も味も感動も変わる！
❸ 一番大切なのは、情熱や愛情！

❶ 大物はなかなかこないが、それを待つ時間もすばらしい
❷ 地球に生きる、生き物同士の騙し合い、ぶつかり合い、認め合いである
❸ 飽きることなく、次々にチャレンジしたい魚やテーマが生まれる

❶ ２人で行う愛のラリー
❷ 一線を越えるとアウト！
❸ 少年少女時代から人気で憧れられるが、意外と続けられる人も多くない!?

「抽象化力」を鍛えることで、異なる事象に通底する「軸」を言語化することができるようになる

トレーニング：抽象化

「A」		「B」	
仕事	とは	スキー	ある。なぜなら、
学校	とは	焚火	ある。なぜなら、
仕事	とは	料理	ある。なぜなら、
人生	とは	釣り	ある。なぜなら、
結婚	とは	テニス	ある。なぜなら、

このように、「目的」を探っていく「抽象化」と、「手段」を探っていく「具体化」との往復が、ＷＩＬＬ発掘ワークショップの基幹となる大切な思考プロセスになります。

ここでは、抽象化の訓練ができるゲームのようなワークを紹介します。一見関係なさそうな事柄に共通点を見つけてみましょう。大喜利や謎かけのように、楽しみながらやるのがコツです。「ととのいました！」とつぶやきながら、共通点を書き出してみましょう。

別冊の28ページを開いてください。ここに、訓練用の補助ワークがあります。

左側のＡとＢには、全く関連のない言葉を選んでみましょう。そして無理やりでも良いので、２つの共通点を探し出し、右側の理由を埋めてみてください。

「２つを結びつける」ためには、抽象化をして似ている点を見つける必要があります。この補助ワークをすることで自然と抽象化の思考が身につくというわけです。

さて。カコ、イマを深掘りしたので、最後はミライについて考えてみましょう。

だんだん言葉を書き出すことに慣れてきた気がします。

僕もです。

ミライに関しては、別冊10ページを使って4つのキーワードで考えてみましょう。

1つ目は「やってみよう／なんとかなる」と思うこと。明日からすぐやってみたいことでもいいし、いつか世界を征服したいみたいな壮大な「やってみたい」でもいいですよ。思いつくことは全部書いて、その共通点を探ってみてください。

2つ目は、「自分らしさ／自分っぽさ。こうありたい」を書き出してみてください。ここで言う「らしさ」というのは性格のことだけを指すんじゃないんです。これまで見てきた中でも、「価値観の偏り」や「こだわり」がありましたよね。それらを思い出しながら書いていきましょう。これは、家族や同僚など、人に聞いてみるのも良いですよ。ちなみに、今はまだ不十分かもしれませんが、ミライにむけて「こうありたい」という願望でもＯＫ！

3つ目は、「ありがとう／大切にしていること」としました。これは、カコからイマまでの人生を振り返りながら、「ありがとう」と感謝していることを書いてみましょう。今だから言える「ありがとう」もあると思います。その中に、これからもミライにむけて「大切にしたいこと」はあるでしょうか？　あればそれも書き出してみて。

最後は、「生かしたい才能」です。「才能」というのは、「苦労せず、何も考えずにできちゃうこと」と言い換えてもいいでしょう。やりたいことと才能が重なれば、めちゃくちゃワクワクしますよね。誰も褒めてくれないのに、ついついやってしまうこと・やれてしまうことや、やり続けたいこともここに書き出してみましょう。

できました!!　これ、前向きな気持ちになれていいですね。

気づきの部分に、「あれ？　モノづくりとか全然出てこないな」と書かれているのが面白かった。

私、このワークをする前は、自分で何かをつくることがしたいのかなって思っていたんで

すよね。でも、ここまで出してきたキーワードを振り返ると、「つなげる」とか「場をつくる」とか、「想いを聴く」というワードにピンときているなと気づきました。

ワークをやると、思ってもいなかった自分の思考に気づく人は多いんです。

5年次研修のときにWILLが書けなかったと言いましたけれど、私、「こういう回答をしておけば、相手が喜ぶかな」という感じで発想していたのかもしれません。人の喜ぶことをしたいという気持ちは変わらないけれど、それ以上に「自分がこうしたい」のほうが、前に出てきた気がします。

それが、この章の最初に僕が話した「YOU-mode」から「I-mode」への転換です。自分起点で考えられるようになってきた証ですよ。

嬉しい！

渡辺くんはどうでしょう。

ここにきてちゃぶ台を返すようなことを言っちゃうのですが。

お！　どうぞどうぞ。

僕はやりたいことがあまりはっきりしていない気がしました。

自らが未来に望む願望を言語化し、つくりたい未来の素材を発掘してみましょう。
また、ミライへ生かしたい「才能」（意識せずに楽にできること）とは何か、カコ／イマも参考にして考えてみましょう。

別冊 10 ページ

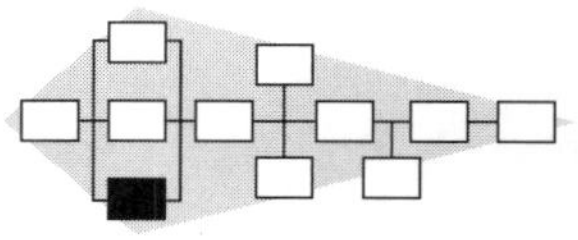

好奇心

えいや

調べるのも好きだけど				
調べるのも好きだけど	直感で決める	遊び心を忘れない	マニアックな楽しみ方が分かっている	こだわりあり
気持ち次第	自由だと思えている	らしさ／ぽさ こう在りたい	脇道、道草	遠回りも嫌いじゃない
競争は苦手	競争ではなく独自路線	意外と芯がある	意外と面白い or変or不思議	

意外性

	落書き お絵かき	妄想	一度ハマると長続き	
表現	ざっくり図や絵にする	生かしたい才能	写真を撮る	飲み会／ばったり会った
	聴く（会話／音楽）	贈り物考える	人や空間の雰囲気を感じる	

人を想う

想い
人

意外性
独自性

● 斉藤さんの未来願望

要素発掘：未来願望<ミライ>

なんで？
それで？
ほんとう？

思いを形にする
ロゴとか

絵上手くなる 作品公開してみる	アート／デザイン スキル実践的に 使いこなしたい	プログラミング
文化・芸術 に関わる	やってみよう／ なんとかなる	拠り所をつくる
未来をよくする なにか	科学を深める 面白さを広める	想いを つなげる

SNS

ほぼやって
きてない

縁がないから
どうやる？

ワークショップ

物理的な場

想いを聴く

なんだろう？

学芸員とか

大企業人
キャリアの迷い

同じような悩み持つ
人を元気にする

自由に育てて くれた親	けっこう幸せ を感じられる	全部自分達で やる女子校
自由に選べる 環境を用意 してくれた	ありがとう／ 大切にして いること	友達
祖母が 精神的に 若々しい	有志の仲間	ゴリゴリ上司

力仕事も
なんでも

意外と
たくましい

元気

趣味に
没頭する姿

現状を疑えた

熱量を
もらえる

自分の弱みに
向き合えた

共通点／気づき

あれ？　モノづくり
とか出てこないな
笑

やりたいことは
仕事以外

つなぐ

アート

仕事は
どうする？

場づく

別冊 10 ページ

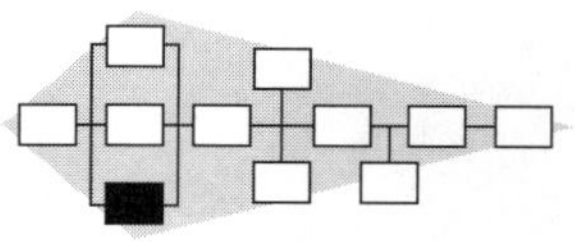

自らが未来に望む願望を言語化し、つくりたい未来の素材を発掘してみましょう。
また、ミライへ生かしたい「才能」（意識せずに楽にできること）とは何か、カコ／イマも参考にして考えてみましょう。

自分にも他人にも嘘をつかない	比較しない	非生産的な時間が大切
飲み続けたい	らしさ／ぽさ こう在りたい	ムダや余白を大切に
飄々	楽しいところにいつもいる人	なにやってるかよくわからない人

働き
びたい

時代を読む

直感的な適当な判断	流行りの先読み	ものづくりへのこだわり
なんでも飲める	生かしたい才能	粘れる
大体なんとかなる	聴くの好き	採算度外視

いいものを
つくるためには
いくらでも

才能かw!?

具体的にやりたいことよりも、こうありたいが強いかも

美味しい酒を飲むのが全ての目的w

高い志は特にないや

そのままでいいと思った

● 渡辺くんの未来願望

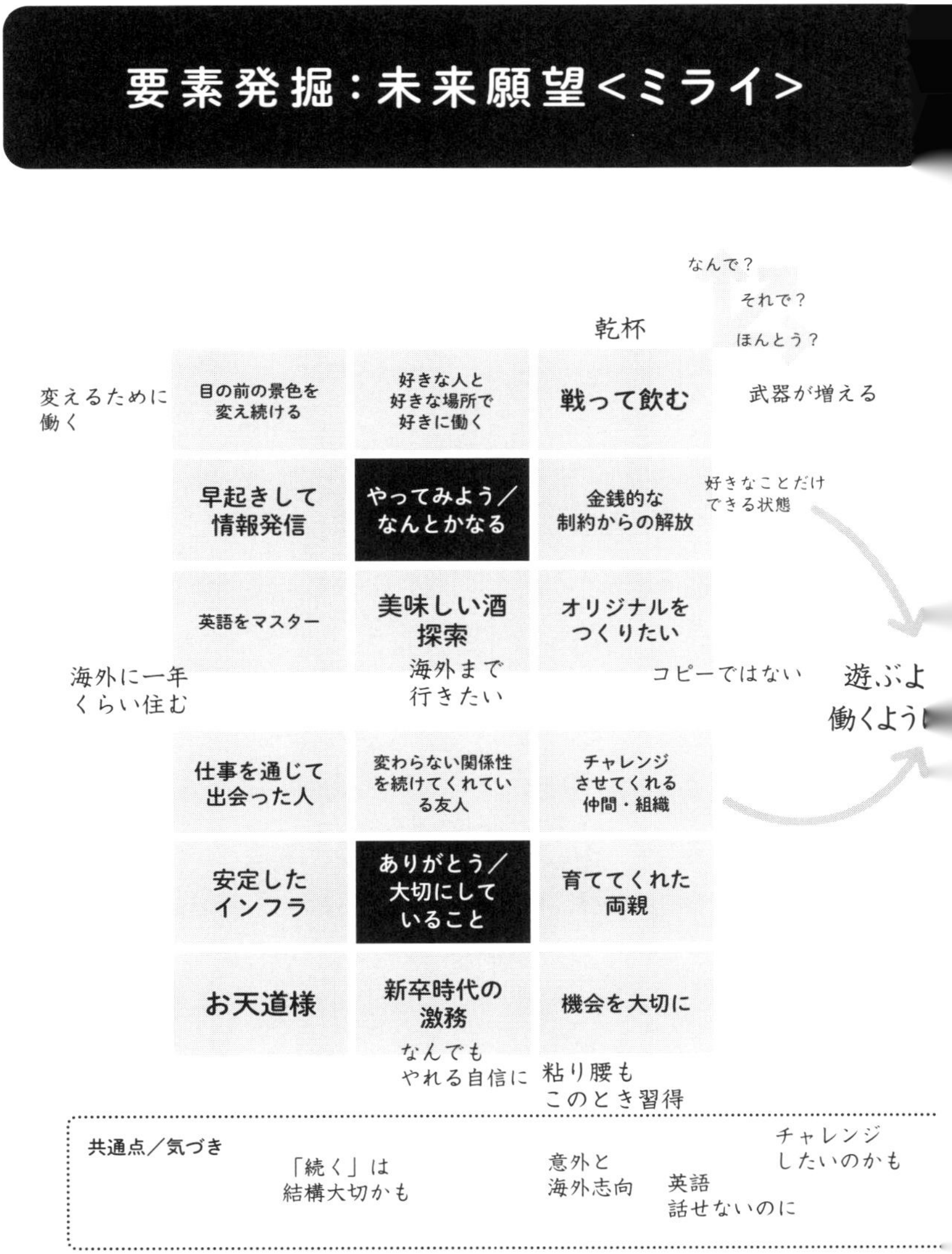

要素発掘：未来願望<ミライ>
なんで？
それで？
ほんとう？
乾杯
変えるために働く
目の前の景色を変え続ける
好きな人と好きな場所で好きに働く
戦って飲む
武器が増える
早起きして情報発信
やってみよう／なんとかなる
金銭的な制約からの解放
好きなことだけできる状態
英語をマスター
美味しい酒探索
オリジナルをつくりたい
海外に一年くらい住む
海外まで行きたい
コピーではない
遊ぶよ
働くよう
仕事を通じて出会った人
変わらない関係性を続けてくれている友人
チャレンジさせてくれる仲間・組織
安定したインフラ
ありがとう／大切にしていること
育ててくれた両親
お天道様
新卒時代の激務
機会を大切に
なんでもやれる自信に
粘り腰もこのとき習得
共通点／気づき
「続く」は結構大切かも
意外と海外志向
英語話せないのに
チャレンジしたいのかも

ほうほう。

やることは何でもいいし、高い志もないんです。どちらかというと、自分がどういう状態で生きていたいかのほうが大事な気がしました。

ああ、それは面白い気づきですね。ワークにも、「具体的にやりたいことよりも、〝こうありたい〟が強いかも」と書かれていますよね。

よくよく考えたら、メディアで働くということ自体にも、こだわっていないのかもしれないと思ったんです。

なるほど、なるほど。

WILL的にはダメな感じですか?

いや、そんなことは全然ないですよ。具体的には、どうありたいのでしょうか?

うーん。そうですね。あ! 遊ぶように働きたいし、働くように遊びたい。

なるほど。いい言葉ですね。

前に出てきた、プライベートと仕事を混ぜたいという言葉ともつながっていますよね。

遊ぶように楽しく働いて、最後に美味しいお酒が飲めればいい。仕事の内容は、そのための手段でしかないような気がして。

今、話を聞いていて感じたのは、渡辺くんはVALUE優先型なのかもしれないということ。

VALUE優先型？

そう。このあと2人に宿題として、別冊12ページのパワーワード採集をしてもらおうと思っていたんですが、先に説明しちゃいましょう。

パワーワード採集？

WILLを3つの要素で考える

パワーワード採集について説明する前に、まず、WILLを言語化するときの考え方についてお話ししておきます。

よく「WILLって、つまり、自分のやりたいことという意味ですか？」と聞かれることがあります。しかし、「やりたいこと」は、WILLを構成するひとつの要素にすぎません。

WILLは、

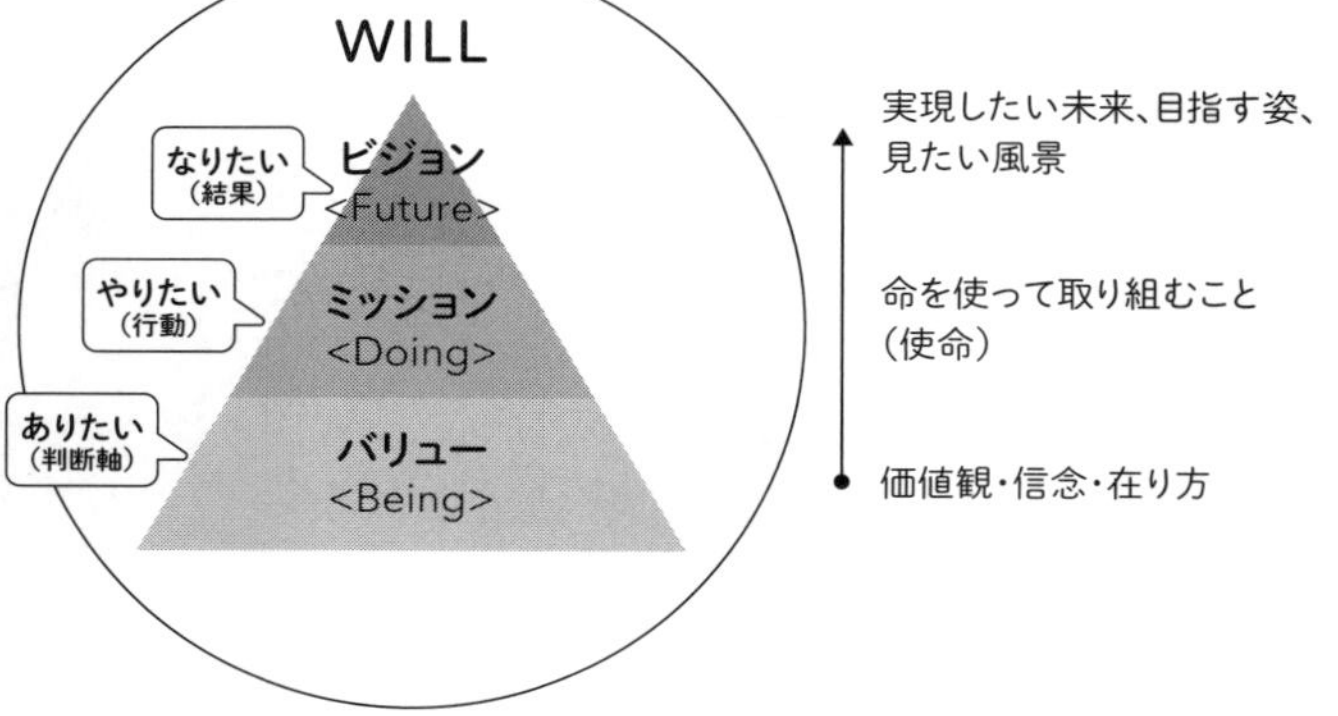
WILL
なりたい
（結果）
ビジョン
<Future>
やりたい
（行動）
ミッション
<Doing>
ありたい
（判断軸）
バリュー
<Being>
実現したい未来、目指す姿、見たい風景
命を使って取り組むこと（使命）
価値観・信念・在り方

WILLとは
個人のバリュー／ミッション／ビジョン

・バリュー（ありたい判断軸）
・ミッション（やりたい行動）
・ビジョン（なりたい結果）

の3つの要素で構成されると考えるとわかりやすいと思います。「自分のやりたい行動」だけではなく、「こうありたいと思う判断軸」や、「こうなりたい／見たいと思う結果」を軸に言語化していきましょう。

ちなみに、バリュー、ミッション、ビジョンがこの順番になっている理由は、このあとの構造化や物語化、行動化がイメージしやすくなるからです。

たとえば、

①こんな価値観を持った私は（バリュー）

②こんなことをやりたくて（ミッション）

③その結果、こんな未来を見たいんです（ビジョン）

と、ストーリーをつなげると、WILLが完成します。

ここまで2人に書き出してもらった言葉や気づきは、WILLを言語化するための要素を発掘するワークでした。ここからは、今まで「発掘」してきたものを、「集めて、寄せて、つなぐ」ワークになります。書きながら新たに思いついた言葉もどんどん追記するし、好きな本や映画、広告などで気になった言葉も追記していきましょう。

ポイントは、それぞれのワードを、①バリュー、②ミッション、③ビジョンの、どのグループに置くとしっくりくるかを考えることです。

たとえば渡辺くんは、「遊ぶように働きたい」と伝えてくれました。これは、ありたい姿なので「バリュー」にあたる言葉です。一方、「美味しいお酒を飲みたい」は、見たい風景になるので、「ビジョン」にあたる言葉になります。そして、本人が話したように、「ミッション」はそこまで重要ではないのかもしれません。

繰り返しになりますが、ここで書いていく言葉は、ワークの中で気づいた「自分らしい」言葉を中心にしていきましょう。自分らしい言葉は、ひょっとしたらちょっと稚拙に思えたりマニアックに思えたりするかもしれません。でも、それで大丈夫です。WILLの言語化は、**誰でも言えるような言葉ではなく、その人ならではのざらつきのある言葉のほうが良い**のです。

ざらつきのある言葉については、またあとで話します。今の時点では「これって、自分らしい」と思う言葉を集めてみてください。

じゃあ、2人とも、次に会うときまでに、バリュー、ミッション、ビジョンの上に、それ

ぞれパワーワードを書き出してつながりを探ってきてください。

今日は、ものすごく自己開示した気がします。

僕も。変な感覚なのだけれど、自分が広がったような感じ。

ああ、わかります。こんなことも考えていたのか、こんな可能性もあるのかって思いました。

今、2人が話してくれたことは、まさに今日のワークの真髄と言えるんですよね。というのも、WILLは自分の外ではなくて、自分の中にあるものだからです。それを見つけるために、自身の中から素材を「発掘」し尽くすことが大事。まとめ方を意識したり、カッコつけていい言葉を探そうとしなくても良いんです。

次回はラストですけれど、発掘した素材を使って、少しずつ収束・再構築していきます。

お楽しみに！

楽しみです。パワーワードの書き出しで迷ったら、相談していいですか？

もちろん。そのときは、オンラインでセッションしましょう。

次もよろしくお願いします！

（第2部終わり）

第3部

WILLを語ろう

第6章

WILLを構造化する

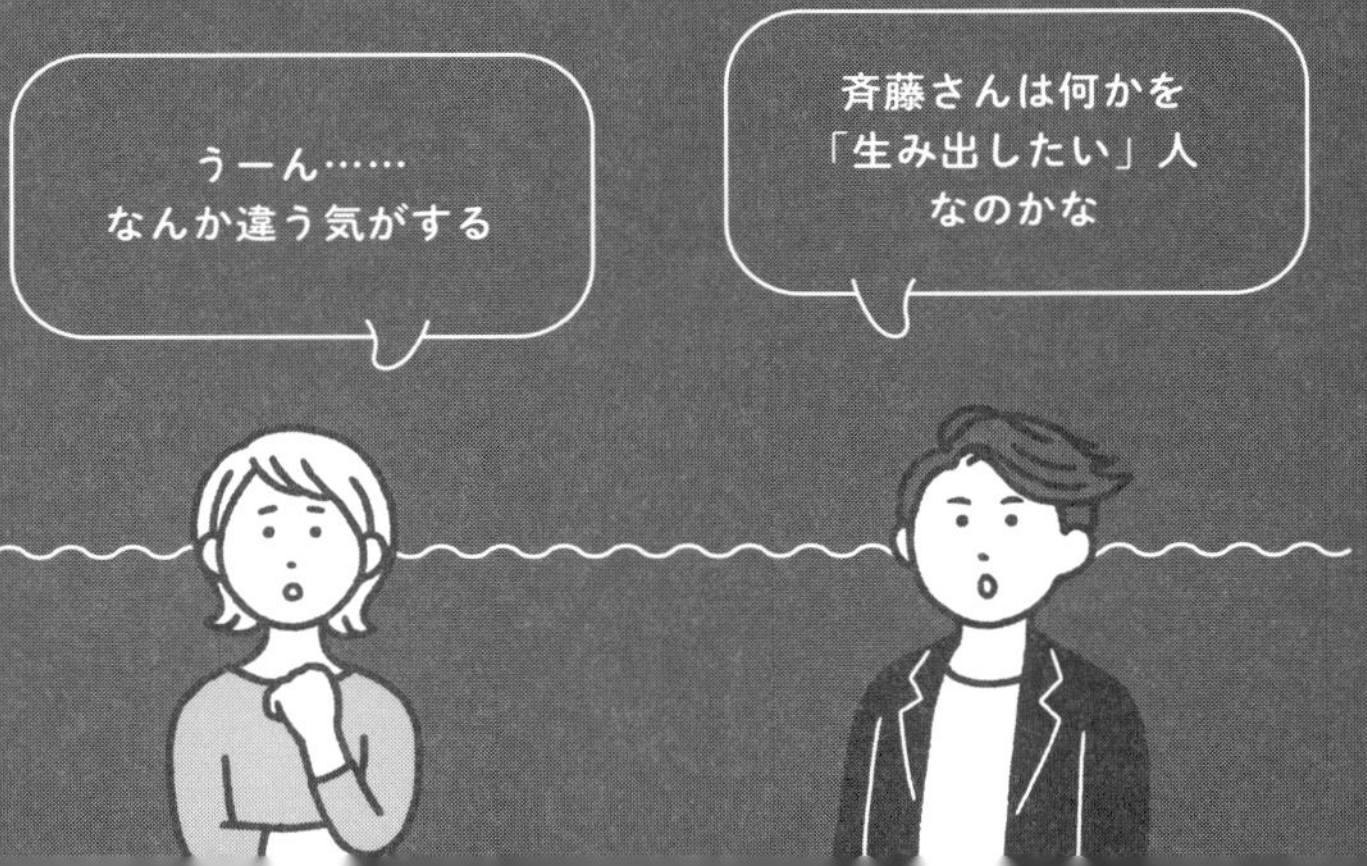
斉藤さんは何かを「生み出したい」人なのかな
うーん……なんか違う気がする

WILLを構造化する

——1週間後　大川&斉藤のオンラインセッションにて

今日はお時間をとってくださりありがとうございます。

別冊12ページのパワーワード採集、うまくいってる？

はい。この間のワークで、いろんな言葉が出てきたので、ワード採集はそれほど困らなかったのですが、それをバリュー、ミッション、ビジョンに整理していくのがすごく難しくて。

うん、うん、言葉はしっかり集められているね。

でも、バリューやミッションを考え始めると、**どうしてもありきたりの言葉にしかならないんです**。これってどんなふうに進めていくのがいいですか？

OK。ある程度できていたら、次の「構造化」に進んでしまいましょう。

構造化の下準備

斉藤さんは、ワークショップで書き出したパワーワードをもとに、ＷＩＬＬの構造化に挑戦しようとしています。言い換えるならば、これまで掘って磨いてきた「パーツ」を使って、ＷＩＬＬを組み立てていくような作業です。

構造化のポイントは、**核となる一等星、二等星を見極めて、それらを星座のようにつなげていくこと。**いきなりゼロから星座をつなぐのは難しいから、最初は自分の核となる一等星や二等星を探すことがコツです。これがパワーワード採集。

そしてその**パワーワードをつなげて星座をつくるのが、ＷＩＬＬの構造化**になります。

要素発掘されたパワーワードをコピペで集約し、下図の三角形の近くの寄せてください。線でつなぎながら、共通点や因果関係を探索してみましょう。「言い換え」や「メタファー」を探しながら、「自分らしい言葉」をさらに紡ぎ出してみましょう。

別冊 12 ページ

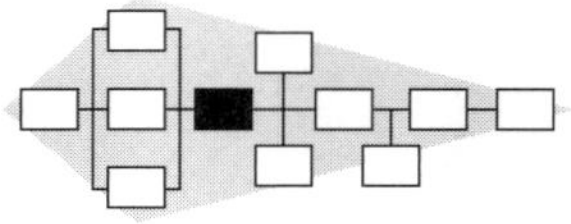

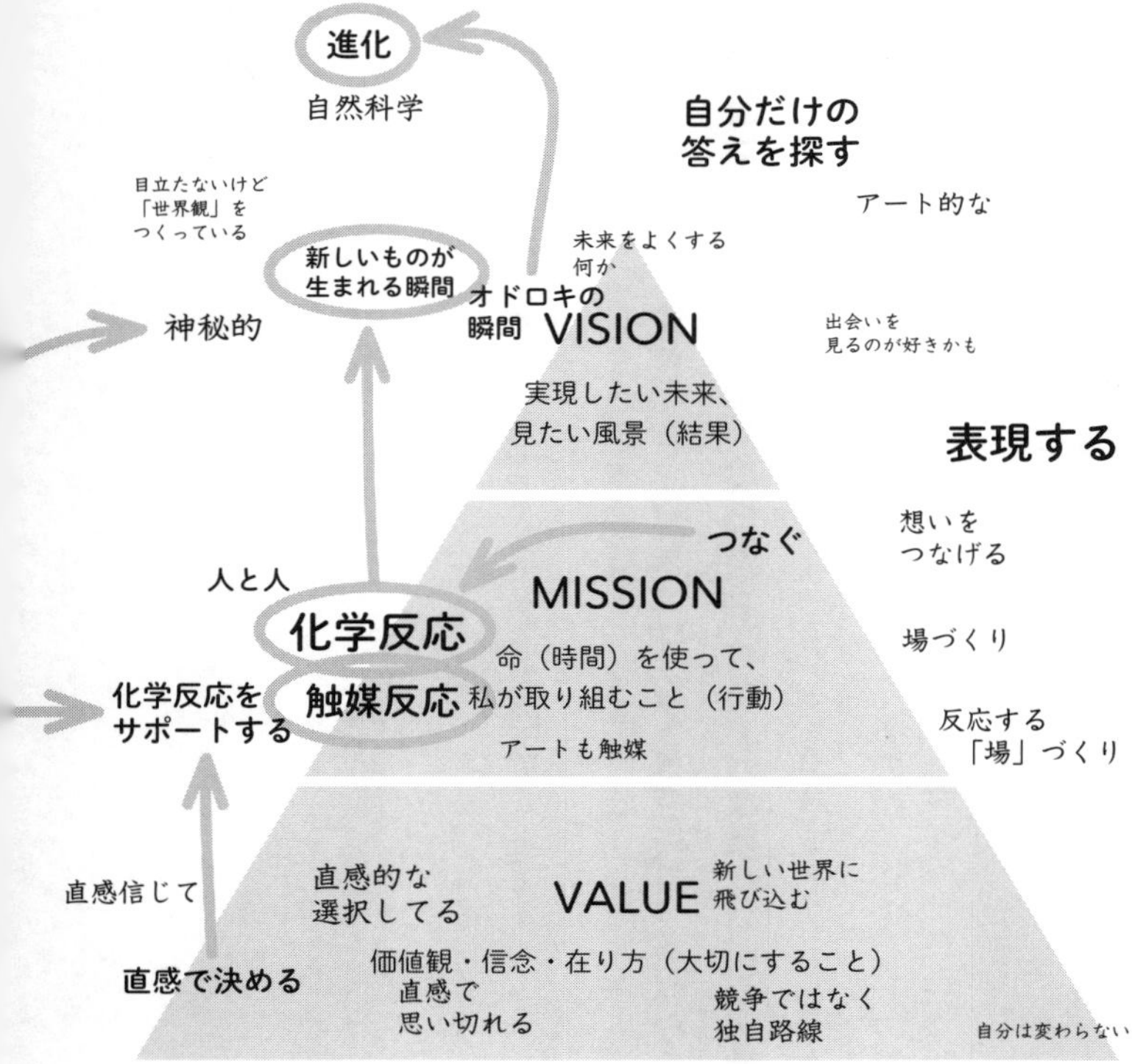
進化
自然科学
自分だけの
答えを探す
アート的な
目立たないけど
「世界観」を
つくっている
新しいものが
生まれる瞬間
未来をよくする
何か
オドロキの
瞬間
VISION
神秘的
出会いを
見るのが好きかも
実現したい未来、
見たい風景（結果）
表現する
想いを
つなげる
つなぐ
人と人
MISSION
化学反応
場づくり
命（時間）を使って、
私が取り組むこと（行動）
化学反応を
サポートする
触媒反応
反応する
「場」づくり
アートも触媒
直感的な
選択してる
VALUE
新しい世界に
飛び込む
直感信じて
直感で決める
価値観・信念・在り方（大切にすること）
直感で
思い切れる
競争ではなく
独自路線
自分は変わらない

自分らしい言葉を紡ぎ出し、ストーリーがつながる強い糸を見つけ出す

●斉藤さんのパワーワード採集

言語化：パワーワード採集

カコ・イマ・ミライから自分を構成する要素を集めて、寄せて、つなぐ

※パワーワードとは、
①自らの行動を起こさせる源（source）である
②聞き手を惹きつける力がある

無機物から
有機化合物が
生まれる

化学進化
→生物進化

意外と面白い
or変or不思議

自分だけの
答えを探す

強引ではない
背中から向きを
合わせてあげる感じ

人との出会いで
行動が変わる
経験多い

拠り所をつくる

触媒すげぇ

未知／謎

炎色反応

劇伴音楽

「かっこいい」って
言ってくれた

裏方

なぜか
感動した

あなたが主人公で
面白い物語に
してください。

人を想う

遊び心を
忘れない

超うれしい！
気持ちいい

「パワーワード採集」は、「構造化」の下準備の段階です。素材を出し切り、比較し、ストーリーの原型を探索しましょう。やることは、「集めて」「寄せて」「つなぐ」だけ。ある程度できたら、「構造化」に進んでしまいましょう！　生煮えでも書き始めてしまうことも大事です！

私もいったん書いてみたんですよね。バリューは比較的すぐに考えついたんです。好奇心とか遊び心を大事にしたいなと思ったんですよね。でもつまずいたのは、ミッションのところ。ビジョンもなんだかふんわりしちゃってる。

そうか。斉藤さんは、ミッションが難しかったんだね。

「未知を探求し、誰かの役に立つ製品を生み出す」と書いてみたものの、全然ピンときてなくて。

なるほど。この**ミッションの部分は、行動なので「動詞」を意識するといい**んだよね。斉藤さんは「生み出す」人なのかな。

うーん……なんか違う気がする。

では、ここから考えてみましょう。斉藤さんは、ひとことで言うなら、何をしたい人なん

WILLとは、「個人のバリュー／ミッション／ビジョン」（WILL=VMV）

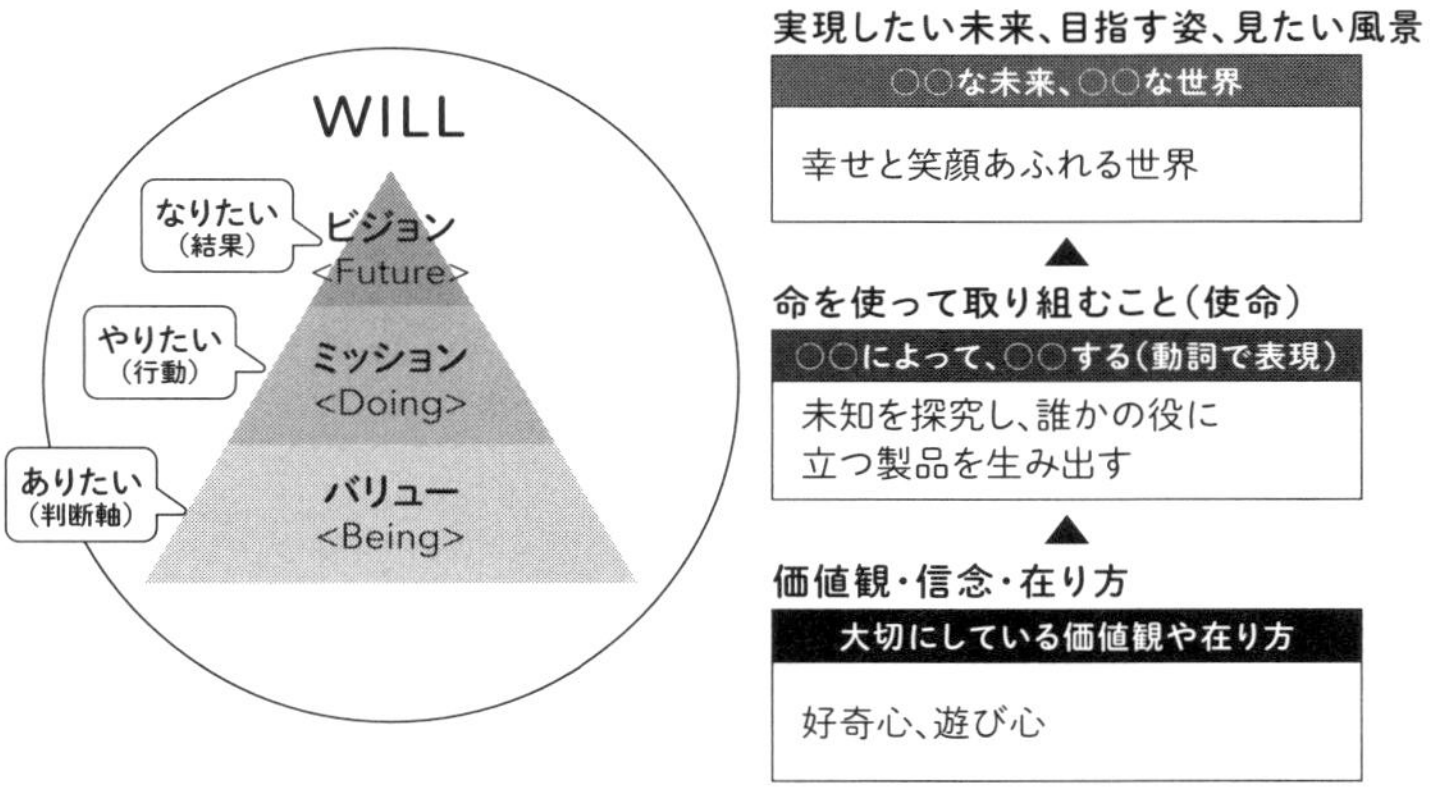
WILL
なりたい（結果）
ビジョン
<Future>
やりたい（行動）
ミッション
<Doing>
ありたい（判断軸）
バリュー
<Being>
実現したい未来、目指す姿、見たい風景
○○な未来、○○な世界
幸せと笑顔あふれる世界
命を使って取り組むこと（使命）
○○によって、○○する（動詞で表現）
未知を探究し、誰かの役に立つ製品を生み出す
価値観・信念・在り方
大切にしている価値観や在り方
好奇心、遊び心

だろう。たとえば、「つくる人」?「変える人」?「支える人」?

そこが難しいんです。誰かの喜ぶ顔が見たいと思うのだけれど、自分自身が何かをしたいかというと、それがないんです。

喜ばせたい人は誰なんだろうね？ 自分がこれまでした具体的なアクションの中で、特に嬉しかったり、もう一度再現したいと思ったのは、何だった？

有志団体の活動を進めるときに、キャラクターデザインが必要になって、そのデザインやロゴを考えたときは、みんなも喜んでくれて嬉しかったです。

それはキャラクターやロゴができたことで、人が喜んでくれるのが嬉しかったのかな。

あ、ちょっと違うかも。どちらかというと、わいわいみんなで決めていくプロセスのほうが面白かったんですよね。

プロセスのほう。

最近アート鑑賞のワークショップもしているんですけれど、みんながそれぞれ平和な場所で、自分の感想を素直に言い合うような「場」とか「空気」とかがすごく好きなんだと思うんです。

へえ、そうなのね。

あ、そうか。私、「場づくりがしたい」のかな。いや、場づくりだとちょっと広いか。人脈づくりの場みたいな感じではないんです。

アート鑑賞の「場づくり」って、どんな感じ？

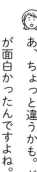

アートってつい正しい見方をしなきゃと思ったりするけれど、そうじゃなくて、自分が感じたままを伝えていいんだよ、それを相手に知らせていいんだよという感じ。言いたくなければ言わなくてもいいし強制もしない。だけど、自分も話して人の話も聞いたら楽しいですよ、くらいの感じです。

それは、場づくりじゃないとしたら、何なのかな。きっかけづくりとか？

きっかけ……そうですね。近いのは出会いかな。

いいね。何と何の出会い？

今まで知らなかったこととの出会い。相手の知らない部分との出会い。

それは、自分の中で起こる出会い？　それとも、別の人？

自分の変化もあるなぁ。でも、それだけじゃなくて参加してくれた人たち、たとえばAさんやBさんが、参加してくれることによって新たな気づきと出会ってほしい感じです。

新しい出会いね。そういう出会いがあると、どんな感じ？

自分と違う価値観に出会うと、驚きがあります。ワオって感じ。

ワオ！

もっと国語力磨いておけば良かった。

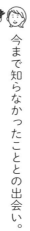

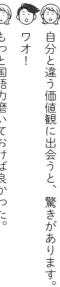

いや、全然いいんだよ。ひとつしっくりくる言葉が出て来ればいいんだから。新たな出会いや気づきの場をつくりたいという感じ？

うーん、それだと、「私がつくったんだ、ドヤ」みたいな感じが出そうだな。それはちょっと違う。もう少し、トップダウン感がない雰囲気。「みんな集まれ」というよりは……もうちょっと影の立役者みたいな感じ。

そういえば、そういう「影の立役者」的な言葉、ワークの中で出てきたよね。化学系の言葉。

触媒！

そうそう。

ああ、なんかイメージが湧いてきました。触媒って、それ自身は主役じゃないんだけど、それに触れた人たちが活躍するイメージですよね。これは結構しっくりくるかも。触媒になる……かぁ。

動詞はWILLのおへそになる

ここで斉藤さんの口から「触媒になる」という言葉が出てきました。途中僕は、「つくる人?」「変える人?」「支える人?」などと聞きましたが、この動詞が最終的にWILLのおへそになることが多いです。ですから、最初に**パワーワードを眺めながら、動詞を探していくのがコツ**です。

名詞も動詞化するといいですね。たとえば車だったら「運転する」とか、スキーだったら「滑る」とか。同じ動詞でも、言い換えるとニュアンスが変わります。次ページに、動詞の言い換え例を置いておきますので、自分で深めていく際には参考にしながら考えてみましょう。

●動詞の言い換え例

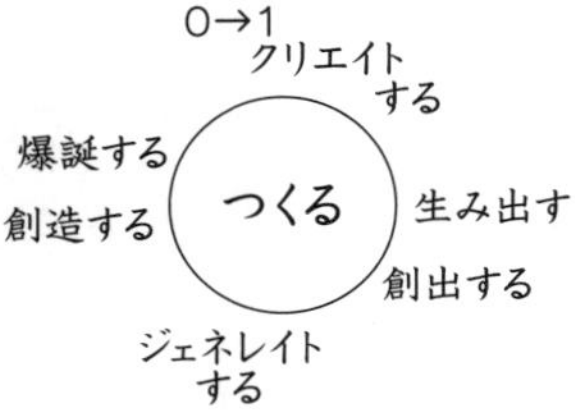
つくる
0→1
クリエイトする
生み出す
創出する
ジェネレイトする
創造する
爆誕する

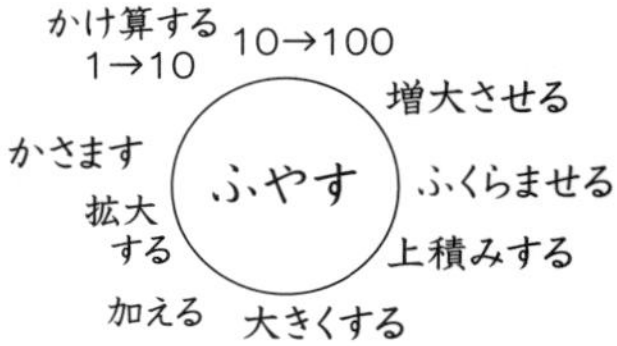
ふやす
10→100
増大させる
ふくらませる
上積みする
大きくする
加える
拡大する
かさます
かけ算する
1→10

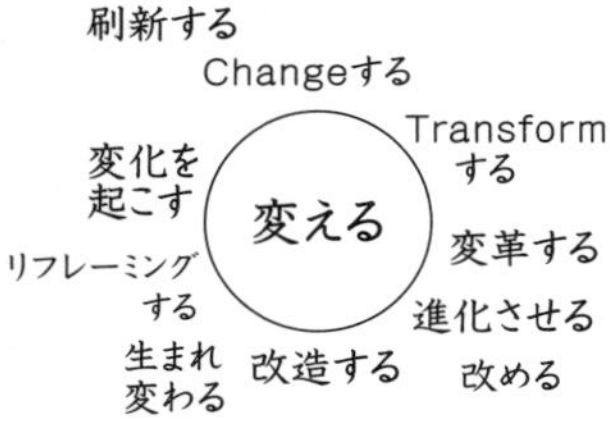
変える
刷新する
Changeする
Transformする
変革する
進化させる
改める
改造する
生まれ変わる
リフレーミングする
変化を起こす

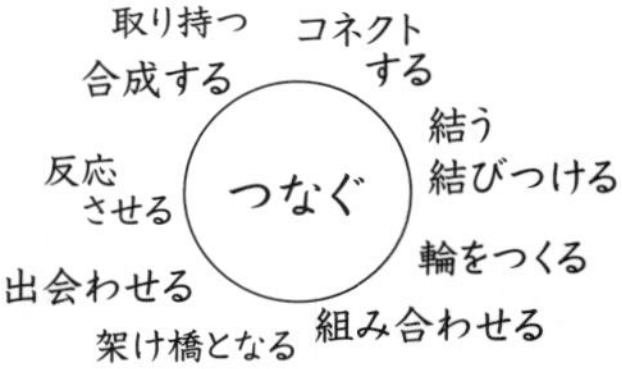
つなぐ
取り持つ
コネクトする
結う
結びつける
輪をつくる
組み合わせる
架け橋となる
出会わせる
反応させる
合成する

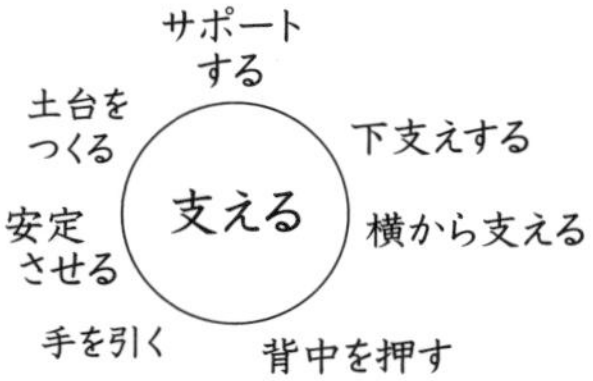
支える
サポートする
下支えする
横から支える
背中を押す
手を引く
安定させる
土台をつくる

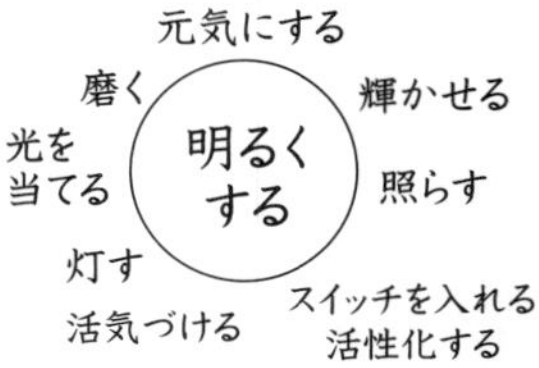
明るくする
元気にする
輝かせる
照らす
スイッチを入れる
活性化する
活気づける
灯す
光を当てる
磨く

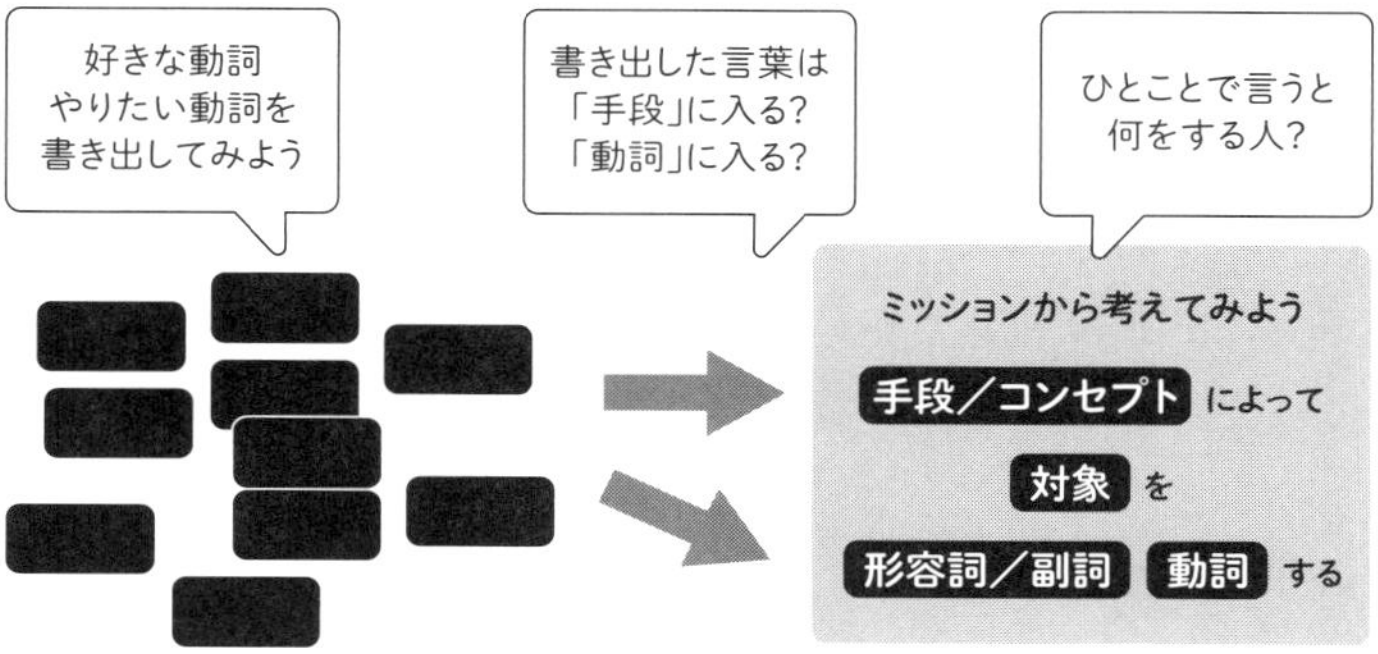
好きな動詞
やりたい動詞を
書き出してみよう
書き出した言葉は
「手段」に入る？
「動詞」に入る？
ひとことで言うと
何をする人？
ミッションから考えてみよう
手段／コンセプト によって
対象 を
形容詞／副詞 動詞 する

ミッションの「動詞」から考えてみよう！

動詞が見えてきたら、「対象」や「修飾語」を考えていきましょう。たとえば「支える」だとしたら、**「誰を」支えるのか。「どんな感じで」支えるのか。**前から？　後ろから？　がっつり？　さりげなく？

ここでは、ミライのワーク（別冊10ページ）でやった「らしさ」のワードが活躍するかもしれません。動詞・対象・修飾語（私らしく！）をいったりきたりするうちに、**「○○（独自の手段／コンセプト）によって、○○（対象）を○○する（動詞）」**という構文ができてきます。すると、伝わりやすい力のある言葉にまとまります。

企業のバリュー・ミッション・ビジョンを参考にする

もうひとつ。言語化に行き詰まったときの「裏ワザ」を紹介します。

世の中に発信されている企業のバリュー、ミッション、ビジョンは、その企業の社員やプロのコピーライターが時間とお金をかけて練りに練り上げたフレーズばかりです。それを見ているだけでも勉強になるし、あなたの心を打つフレーズもあるかもしれません。「かっこいいな」「これ、ざらついているな」と思ったフレーズを借りてきて、キーワードを自分のものと置き換えてアレンジしてみるのも良いでしょう。

たとえば僕は、以前カケハシという会社が掲げていた「医療をつなぎ、医療を照らす」というフレーズが気になりました。リズムもいいし、「つなぐことで、光で照らしていく」行動がイメージできて素敵だなと思ったのです。

そこで、僕のキーワードである「ＷＩＬＬ」を使って**アレンジしてみると「ＷＩＬＬでつなぎ、ＷＩＬＬを照らす」といった感じ**になります。結構、お気に入りです。

● 企業のWILLを参考にする

VISION　行動の結果としてできる客観的な状態

世界中のヒトとモノをつなげ共鳴する社会へ（ソラコム）
世の中のネガティブをポジティブに（クレオ）
A Heart Driven World. ハートドリブンな世界へ（アカツキ）
「ものづくり」する金融機関（ウェルスナビ）
目指すは、マチの“ほっと”ステーション（ローソン）
人類の生活圏を宇宙に広げ、持続性のある世界を目指す（ispace）

MISSION　主観的に私がとる行動

世界をつなぎ、アタラシイを創る（マクアケ）
服を変え、常識を変え、世界を変えていく（ファーストリテイリング）
ブロックチェーンで世界を簡単に。（bitFlyer）
カガクでネガイをカナエル会社（カネカ）
毎日の料理を楽しみにする（クックパッド）

VALUE　行動指針、大切にすること

move fast with stable infrastructure（安定したインフラで素早く動け）（Meta）
Go Bold 大胆にやろう（メルカリ）
ケタハズレな冒険を。（ミクシィ）
やってみなはれ（サントリー）
最善のプランCを見つける（SmartHR）

VISION、MISSION、VALUEの分類は著者による

先ほどの動詞の言い換え例を使ったり、企業のキャッチフレーズを拝借したりと、いろいろ試してみると、お気に入りのフレーズが見つかることがあります。

WILLの構造化は、**「生煮えでも良いので、とりあえず言語化してみる」**ことが一番のコツです。街を歩いているときの看板や、TVCMを見ているときにもヒントがあるかもしれません。いろいろトライしてみてくださいね！

なるほど。動詞を最初に探すんですね。

わからなくなってきたら、「あれ？　結局ひとことで言うなら、何をしたいんだっけ？」という動詞に立ち戻るといいよ。ミッションがある程度見えてきたら、その前後のバリューとビジョンも考えていこう。**ミッションによる「行動の判断軸」になるのが「バリュー」だし、「行動の結果」がビジョン**になるよ。

自分でこの続きをやるとしたら、どんなことを意識すればいいですか？

ポイントは**「ざらつく言葉」を探すこと**なんだよね。

前もちょっとお話しされていましたよね？　ざらつく言葉ってなんですか？

たとえば斉藤さん、最初に書いた言葉がふんわりしていると言っていたよね？

はい。

具体的にどの部分にそう感じたの？

特に、ビジョンの「幸せと笑顔あふれる世界」の部分。なんか、誰にでも言えそうな言葉。

そうだね。綺麗な言葉だけど、「ふーん、すてきだねー」って流れていってしまう感じがしちゃうよね。この感覚を「さらさら」って言ってるんだ。

さらさら。たしかに、ひっかかりがないし、印象に残らなそう。自分としても、「人に伝えたい」とは思わないかも。ざらつく言葉って、どう探せばいいんですか？

ざらつく言葉の探し方

ざらつく言葉とは、言い換えれば、全員に当てはまるようなありがちな言葉ではなく、その人「らしさ」や「面白さ」を表す言葉ともいえるでしょう。「それってどういうこと？」「あなたらしい表現だね！」「面白い！」と言われるような「ざらつく」言葉を探してみましょう。

ざらつく言葉を見つけるコツはいくつかあります。たとえば、

①○○から●●へ（進化を表現する）

②○○なのに●●（逆説で表現する）

③○○のような●●（たとえで表現する）

④○○ではなく●●（言い換えで表現する）

のように考えてみること。

たとえば、①の「○○から●●へ」の例を考えてみましょう。

「飾る服から生きていく服へ」という言葉を知っていますか？　これは、シャネルの創業者、ココ・シャネルが発信したメッセージです。女性の服装がコルセットでぎゅうぎゅうにしめつけられていた時代に、動きやすい服で女性を解放したシャネル「らしい」、ざらついた言葉です。

②の「○○なのに●●」で思いつくのは、「ペンギンなのに空を飛ぶ」というキャッチコピーで一躍有名になった旭山動物園でしょうか。ん？　どういうこと？　と興味を惹きつけましたし、実際のペンギンの展示方法を見て「なるほど、面白い！」と話

題になりましたね。「百科事典なのにみんなで編集する」のがコンセプトのウィキペディアや、「ゲームなのに運動不足が解消できる」の、任天堂Ｗｉｉ Ｆｉｔなども、「○○なのに●●」をうまくコンセプトにしていると感じます。

③の「○○のような●●」のたとえで思い出すのは「おもちゃ屋さんのような本屋」であるヴィレッジヴァンガードとか。経営の神様の稲盛和夫さんは、「アメーバのような経営」という考え方を遺しています。

④の「○○ではなく●●」と言い換えする例でいうと、「バイトではなくキャスト」が信条のディズニーリゾートを思い出します。これもやはり、ディズニー「らしい」世界観をひとことで示していると感じます。日本の社会問題を指した「超高齢化社会ではなく課題先進国」というキャッチコピーを見つけたときも、うまい！　と思いました。

このように、４つの構文を使うと、自分らしさのある「ざらつく言葉」を見つけやすくなりますよ。

私も、もう少し自分らしいざらつく言葉を考えてみたいと思います。

実際に、別冊14ページを使ってこの4つの構文でコンセプトを考えてみようか。まずは真ん中に、キーワードをひとつ書いてみて。それを思いつくまま分解してみよう。

さっき出てきた「つなぐ」をとりあえず置いて考えてみました。「出会いの場」「人と人」「対話」……。ああ、なるほど。ただ「つなぐ」という動詞からだけでも、いろんな要素がでてきますね。

つぎに、その要素を使ってさっきの4つの構文（進化、逆説、たとえ、言い換え）を使って強制的に発想をしてみよう。

「主役ではなく脇役」とか「触媒のような仲介人」とか、このフレームワークで考えると、言葉がどんどん出てきますね。そして何より、私っぽい！

お。「らしさ」が見えてきたかな。

●斉藤さんの魅力化

魅力化：コンセプト発想

【進化】〇〇から●●へ

無機（技術）から
有機（人）へ

想定内から
想定外へ

化学進化から
生物進化へ

正解ありから
正解なしへ

会話する飲み会から
対話する飲み会へ

【逆説】〇〇なのに●●

人見知りなのに
知らない人に
会いたい

慎重だけど
直感で動く

ビビりだけど
好奇心強い

出会いの場	飲み会企画	技術と技術
ひろがり	つなぐ	人と人
対話	多様性	化学反応

【たとえ】〇〇のような●●

触媒のような
仲介人

触媒のような
飲み会幹事

化学反応の
ようなコラボ

やっぱり人と人の
反応が面白い

炎色反応のような
あざやかなコラボ

劇伴音楽の
ような

ベンゼン環の
ようなひろがり

ベンゼン環の
ような拡張

【言い換え】〇〇でなく●●

人でなく
ヒト

進化論っぽい

主役でなく
脇役

反応物質でなく触媒

「想い」×「らしさ」で仲間が増える

よく、ワークショップの参加者から「このＷＩＬＬであってますか？」と聞かれることがあります。いやいや、**「自分の意志」なのだから、正解なんてない**んです。正直、何でもいい。ひとつだけ「ＷＩＬＬの要件」があるとしたら、**「具体的な行動がイメージできて、アクションを開始したくなる」**こと。

以前、「エマ・ワトソンと付き合いたい」というＷＩＬＬを語る高校生がいました。今から10年ほど前のことだったでしょうか。彼は、そのＷＩＬＬを言語化したあと、ハリーポッターのＤＶＤを全部英語で見始め、彼女が通う大学を調べ、本気で英語を勉強しました。行動につながるＷＩＬＬなので、最高じゃないですか！

ちなみに、行動してみるとＷＩＬＬが変わることもあります。彼はエマ・ワトソンと付き合えない現実にぶつかりましたが、その代わりに「グローバル環境の面白さ」を経験し「国際関係を学び、仕事にしたい」という進化したＷＩＬＬを持つようになりました。

その彼が、最近僕が彼の母校に研修に行ったとき、後輩の生徒たちの前で講演してくれました。そのときには、ある企業のグローバル事業部で世界を股にかけた活躍をしていると話してくれました。それも、高校時代のＷＩＬＬに従って素直に英語を勉強した結果だと言います。

このように、ＷＩＬＬは具体的な行動に結びつけることができるなら、なんでもアリです。ただし、**「共感を生んで、誰かを巻き込みたい」**、と思った場合には、もうひとつ、要件が追加されます。それが、**「想い」と「らしさ」**です。

「なぜそれをやりたいのか」や「そこにかける情熱はいかほどか」という「想い」が伝わるか。そして、「視点の面白さ」や「アプローチの選択」に「らしさ」が出ているか。それらを伝えるきっかけになるのが「ざらつき」だったりするわけです。ＷＩＬＬに「想い」と「らしさ」が乗っかると、人の共感を得やすくなり、人を巻き込みやすくなるからです。

たとえば、『ワンピース』の麦わらのルフィのミッションは「海賊王になる」です

麦わらのルフィのWILL　WILL＝「**想い**」×「**らしさ**」

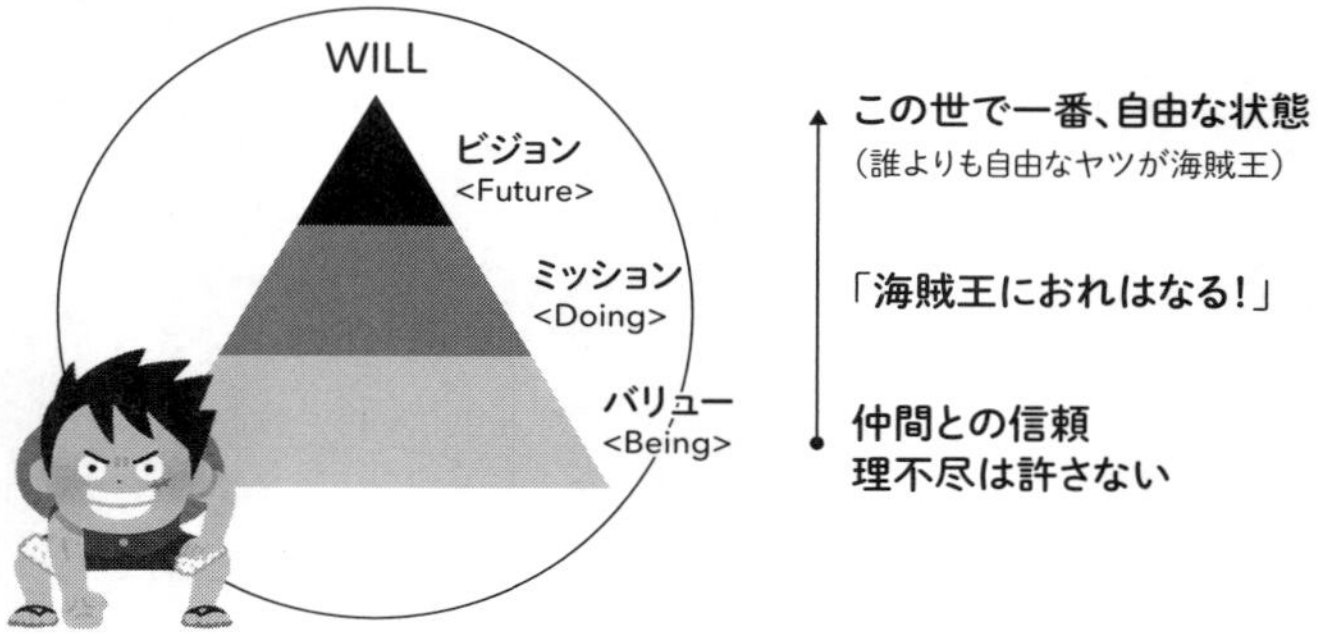
WILL
ビジョン
<Future>
ミッション
<Doing>
バリュー
<Being>
この世で一番、自由な状態
（誰よりも自由なヤツが海賊王）
「海賊王におれはなる！」
仲間との信頼
理不尽は許さない

よね。

そのために大事にしているバリューは、「仲間との信頼」であったり、「理不尽を許さない」姿勢だったりします。そして、見たいビジョンは、「この世で一番、自由な状態」。海賊王になりたい理由も、海賊王が世界でもっとも自由なやつだと言われているからです。

このように、「想い」×「らしさ」があるWILLには、応援したい人や仲間になりたい人がたくさん集まります。

「一緒に冒険に出かけたい！」と思わせるようなシンプルで強力なWILLが見つかるといいですね。

もうひとつ、ヒントになるワークを紹介するね。それは、イメージ採集のワークなんだ。

イメージ採集ですか？

そう。自分がワクワクするビジュアルを集めてきて、別冊16ページのシートに貼っていく。そのイメージにインスパイアされて、言葉が浮かんでくることもあるよ。

画像を集めるんですね。

まず、「自分がやりたいこと」や「見たいシーン」「大切にしていること」などを画像検索して少しでも近い画像を集めてみて。雑誌の切り抜きでもいいし、インターネットで探してみてもいいと思う。ドンピシャな画像はすぐに見つからないので、そこに「言葉」のメモを補足しながら、脳内で「映像（ビジョン）」をつくってみましょう。

楽しそう。そういうの、好きです。

たとえば「触媒になる」だとしたら、そうすれば周りの人たちはどんなふうになっているのか。周りの人と自分の立ち位置はどんな感じか。横で伴走しているイメージなのか。手をつないでいるイメージなのか。映像を探すと、自分がどんな世界を見たいと思っているのかが、わかりやすくなるよ。

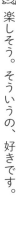

解像度があがるわけですね。

その通り。**先に映像化し、それを言葉で説明すると言語化がうまくいきやすい**んだよね。
脳内で解像度の高い映像が描けたら、それを丁寧に言葉で説明していくんだ。

さっそくやってみます。今日はありがとうございました！　また、1週間後によろしくお願いします。

後日、斉藤さんから、次のようなイメージ採集が届きました。どうやら、今回のセッションを渡辺くんにも共有したらしく、2人で一緒にイメージ採集をしたようです。このビジュアルを見ると、これまで彼女の核としてあった「化学実験」と、「触媒になる」という動詞が、具体的な映像になってきたようです。

一方で、渡辺くんからは、乾杯ざんまいのイメージが送られてきました。

次回はいよいよＷＩＬＬの言語化も大詰めです。1週間後に会えるのが、楽しみです。

● 斉藤さんのイメージ採集

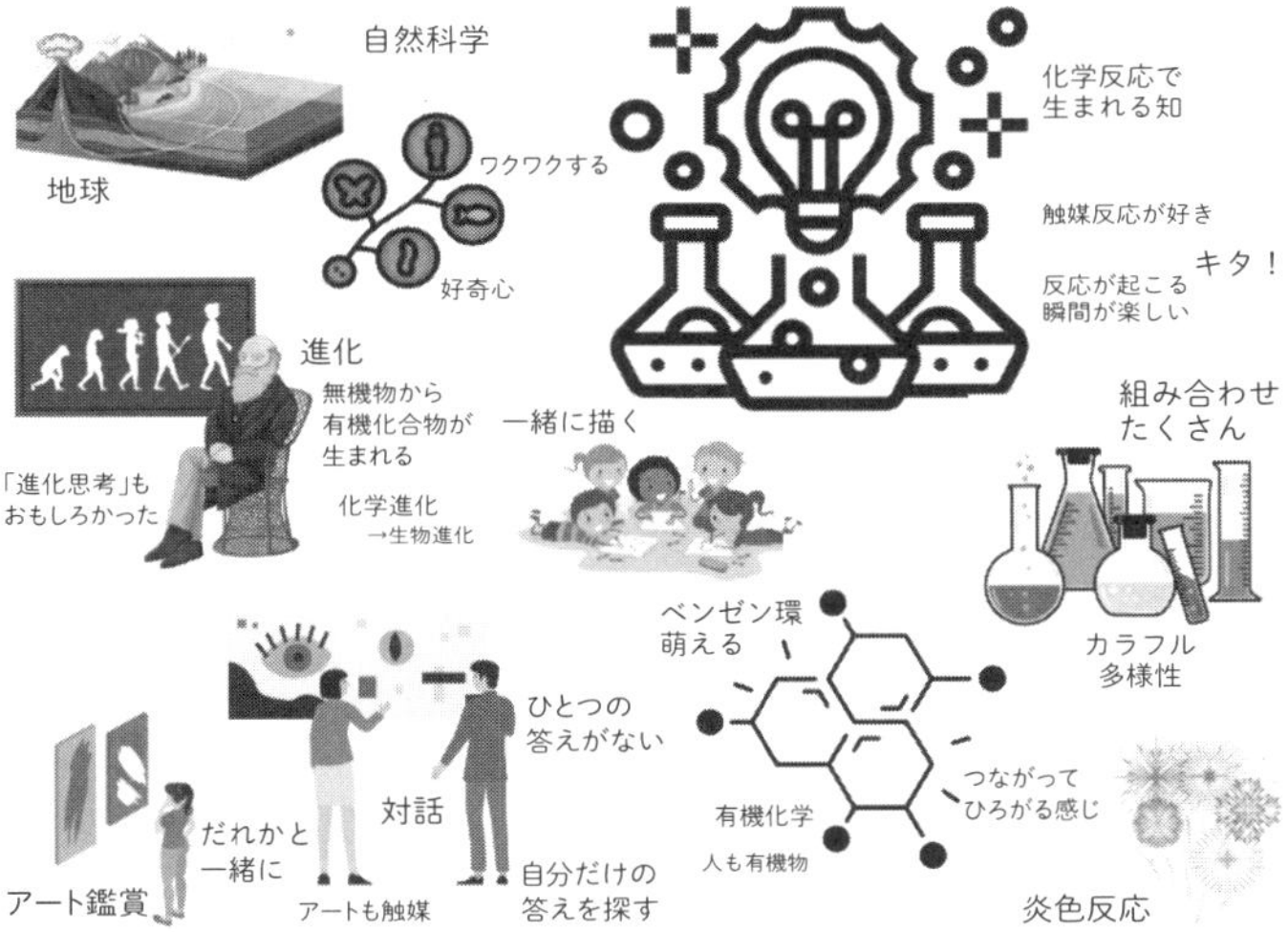
自然科学
地球
ワクワクする
好奇心
化学反応で
生まれる知
触媒反応が好き
キタ！
反応が起こる
瞬間が楽しい
進化
無機物から
有機化合物が
生まれる
「進化思考」も
おもしろかった
化学進化
→生物進化
一緒に描く
組み合わせ
たくさん
ベンゼン環
萌える
カラフル
多様性
ひとつの
答えがない
対話
だれかと
一緒に
アート鑑賞
アートも触媒
自分だけの
答えを探す
有機化学
人も有機物
つながって
ひろがる感じ
炎色反応

● 渡辺くんのイメージ採集

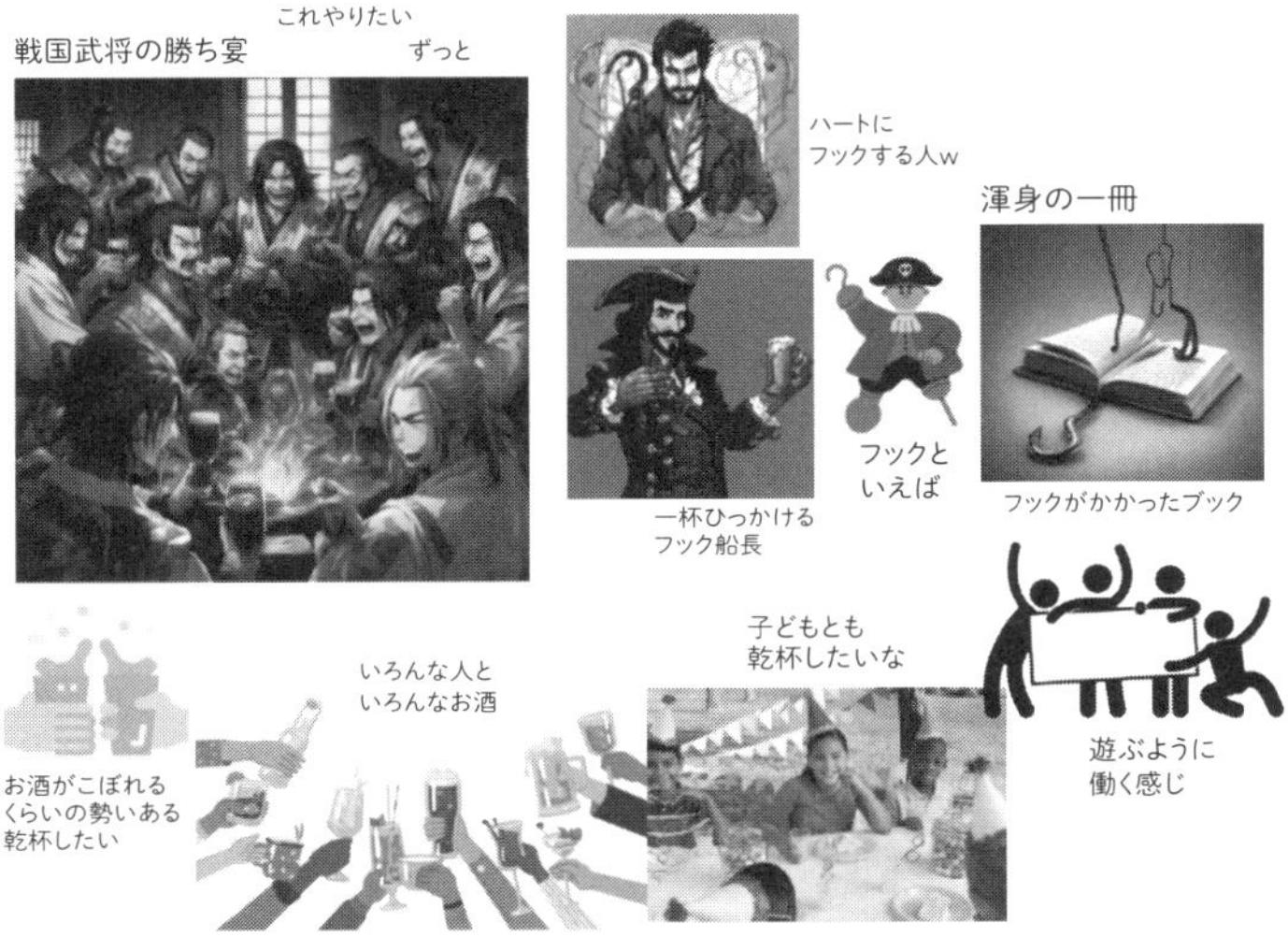
戦国武将の勝ち宴
これやりたい
ずっと
ハートに
フックする人w
渾身の一冊
一杯ひっかける
フック船長
フックと
いえば
フックがかかったブック
子どもとも
乾杯したいな
遊ぶように
働く感じ
お酒がこぼれる
くらいの勢いある
乾杯したい
いろんな人と
いろんなお酒

第7章

WILLを組み立てよう

先を越された
「WILLは人と比べるものではない」って大川さんは言いたいんですよね

WILLを組み立てよう

——大川のオフィスにて

大川さん、お久しぶりです！

あれ、渡辺くん、今日はすごくテンション高いね？

いやぁ、あのあと自分のバリュー、ミッション、ビジョンを考えてみたのですが、この作業が思いのほか、楽しくて。

お！　それは嬉しいな。どんなところが？

今までの人生が「つながった！」という感覚がありました。これまでの経験って、点で散らばっていたのですが、線でつながったような感覚です。

なるほど。まさに、星座が浮かび上がってきた感じだね。

あのあと、2人で一緒に宿題をやったんです。

そう。そのとき、斉藤さんから、オンラインセッションの話を聞きました。WILLの言語化は、一等星や二等星を集めて星座をつなぐ感じ、というのも。

2人のイメージ採集も面白かったよ。

あのあと、僕も見よう見まねで「らしさ探し」をしました。斉藤さんも言っていたけれど、この4つのコンセプト発想の型を使うと、いろいろ思いついて楽しかったです。

渡辺さんの、「効率的から好率的」とか、面白いですよね。

「成長思考よりプロセス思考」なども、自分が考えていることにしっくりくる言葉だなと思いました。この言葉、全部を盛り込まないにしても、自分がこんなことを考えていたのかあという発見があって、とても楽しかったな。

そうそう。最終的にWILLとして落とし込む言葉は取捨選択するとしても、こうやって考えた**プロセス全部が、これからの働き方や生き方に役立っていく**と思うよ。

それでいうと、私、すでに変化が現れているんです。

そうなの？

人事異動があると言っていたじゃないですか。実は3日前に新しい部署に異動したんですけれど、なんだか、すごくワクワクしているんですよ。新しいことができそうって！

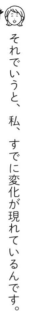

● 渡辺くんの魅力化

魅力化：コンセプト発想

【進化】○○から●●へ

成果重視から
プロセス重視へ

採算度外視

目的志向から
手段志向へ

効率的から
好率的へ

【逆説】○○なのに●●

しんどいけど最高

美味しいお酒を
飲むための
ものづくり

志高くないけど
いいものつくる

オリジナル	こだわり	渾身の一冊
プロセス	**ものづくり**	仲間とつくる
価値	採算度外視	手触り感

【たとえ】○○のような●●

触れるような価値

出産のような
ものづくり

産み落とす感じ

【言い換え】○○でなく●●

ものづくりでなく
ことづくり

ものづくりでなく
価値づくり

ものづくりでなく
きっかけづくり

きっかけ＝フック

「つくる」でなく
「クリエイト」

構造化：WILLの構造化

「強い糸」でつながった「言葉」を組み合わせ、VISION、MISSION、VALUEの定義に合わせて短文化し、成型してきましょう。【起源】【一貫性】【想い】【らしさ】【具体性】の観点から検証し、腹落ちするまで構造化を進めましょう。

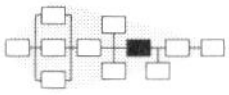

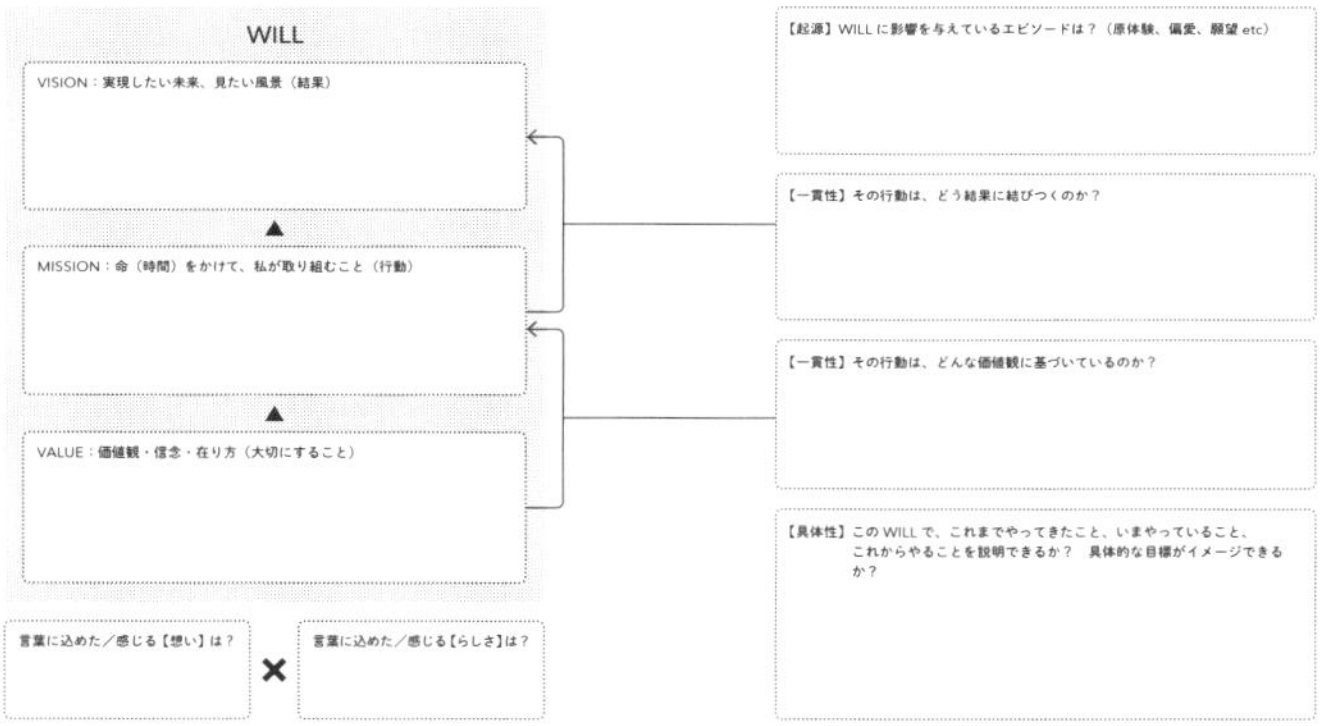

できるだけ解像度を高く維持したまま抽象化し、納得いくロジックを組み上げる

そうなんだ！　それは良かった。ワクワクできるようになったことと、今までのワークには関連があった？

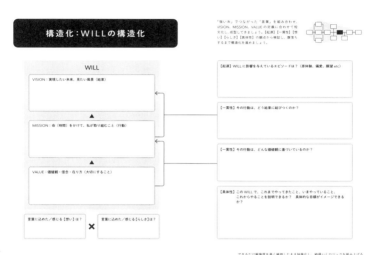

大アリです！　異動が決まったときは、「せっかく仕事を覚えたのに」とか「私に企画の仕事なんて無理」ともんもんとしていたんです。でも、このワークをやっているうちに、「私、新しい環境でこそ刺激を受けて成長してきたじゃん」とか「初めてのこともコツコツやって、モノにしてきたよね」ということを思い出して。きっとなんとかなるわ、って。

●斉藤さんのWILLの構造化（左部）

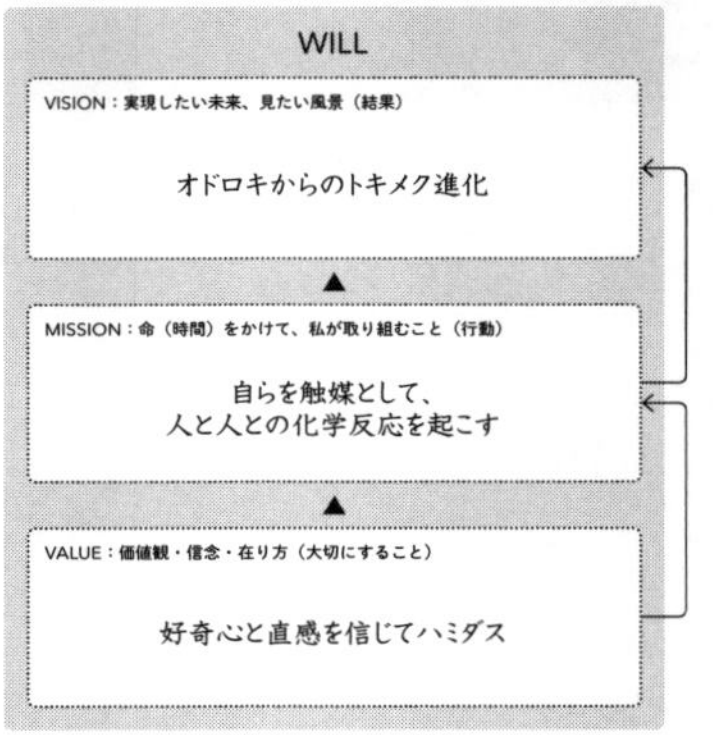
WILL
VISION：実現したい未来、見たい風景（結果）
オドロキからのトキメク進化
MISSION：命（時間）をかけて、私が取り組むこと（行動）
自らを触媒として、
人と人との化学反応を起こす
VALUE：価値観・信念・在り方（大切にすること）
好奇心と直感を信じてハミダス

おおお。それは良かった！　じゃあ、斉藤さんの宿題から見せてもらおうかな。別冊18ページのワークシートだね。

はい。まず、この間のセッションのときまでは全然思いつかなかったミッションからいきます。「自らを触媒として、人と人との化学反応を起こす」としました。大川さんに何度も聞かれた「動詞」は「化学反応を起こす」がぴたっとハマった気がして。

「自らを触媒として」というところが、斉藤さん〝らしい〟ですよね。

うんうん。斉藤さんの腹の中から出てきた言葉という感じがするね。

バリューのほうは、「好奇心」と「直感」という言葉は変えてないんです。でも、「ハミダス」という言葉を加えました。

お！　ざらつく！

挑戦するとか、革命を起こすみたいな感じではないなと思って。でも人と同じではない。

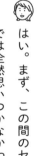

ちょっとはみ出す。

カタカナにしたのは何か理由があったの？

ちょっと恥ずかしいんですけれど、「ハミダシスト」という言葉を思いついたんです。

いい!!

本当ですか？　嬉しい。ハミダシストですって名乗れたら、「この人は新しいことやワクワクすることが好きなんだな」って思ってもらえるかなって。

すごくいい発想だね。ビジョンはどうなったかな？

前のビジョンがふんわりしすぎていたので、ちょっと苦労しました。いろいろ考えたのですが、「オドロキからのトキメク進化」としました。やっぱり私の根底に化学実験とか、生物進化といったキーワードがあるなと思って。

イメージ採集でも、そういったビジュアルが多かったよね。

そういえばＮＨＫの『生きもの地球紀行』がすごく好きだったのを思い出したんです。実験が好きなのも、有志活動で人と人との化学反応を見るのが好きなのも、「進化に立ち合いたい」というビジョンがあるからなのかと考えました。

これもまた、斉藤さんならではの言葉だね。

●斉藤さんのWILLの構造化（左下部）

言葉に込めた／感じる【想い】は？	×	言葉に込めた／感じる【らしさ】は？
触媒のように、 化学反応のきっかけになりたいし、 一番近くで見ていたい。		私は主役でなくてもいい。 むしろ恥ずかしい。でも好奇心は抑えられないので自分から動いちゃう。

カタカナにしたのはやっぱり、トキメキスト？

ふふふ。ハミダス人、トキメク人になりたいなって。

斉藤さん、すごーーい!!

宿題の下のほうに「想い」と「らしさ」についても書いてもらう欄があったんだけれど、そこもバッチリ言語化できているね。

はい。もうほとんど話しちゃったけれど、この「想い」と「らしさ」を常に意識しながら書いていたので、言葉が出てきやすかったと思います。

あとは、この言葉を使ってＷＩＬＬを物語化していくだけだね。斉藤さんの場合は、丁寧に時間をかけて発掘してくれているので、納得感が高い言語化ができている感じなのだけど、もしも「本当にこれでいいのかな」と思ったら、チェックする方法もお伝えします。

WILLのチェック方法

ある程度言語化できたと思ったら、その言葉をチェックしてみましょう。ポイントは3つ。

①起源

起源をチェックするとは、**その言葉がどこからやってきたかを確認する**という意味です。使っている言葉を選んだ理由は説明できますか？

その言葉が、何かしらの原体験や偏愛、強い願望から来てると人にも説明しやすいし、自分の納得感も高まります。表現ひとつひとつにこだわりを持つことで、自分が選んだ言葉への愛着が増してくるはず！　しっくりくるまで「言い換え」を試してみましょう。

また、細かいニュアンスやこだわりを伝えたいのならば、**「たとえ」を使ってみるとパワフルに**なります！　パッと聞いた人の脳内に映像が浮かぶような「たとえ」だといいですね。焚き火でたとえると？　ラグビーでたとえると？　推理小説でたとえると？　「たとえ」だけでなく、150ページで紹介した「進化」「逆説」もぜひ試してみてください。

②一貫性

方向性がはっきりと見える会社のバリュー、ミッション、ビジョンにブレがないように、この3つの間には、一貫性があるはずです。一貫性があるかどうかは、

「そのミッションは、バリューをもとに行われている？」

「そのミッションを行うことで、ビジョンにたどり着ける？」

を自問して、確認をしてみましょう。

③具体性

ここで選んだ言葉によって、やるべき具体的な行動を思いつき、実行できるかという目線を持つことがとても重要です。カコにやってきたこと、イマやっていることを、「WILL」で説明できそうですか？　これからやりたいことが「WILL」か

●斉藤さんのWILL構造化（右部）

【起源】WILLに影響を与えているエピソードは？（原体験、偏愛、願望etc）

・自然科学が好き（『生きもの地球紀行』は毎週録画）
・化学系学部出身。はじめての理科の実験で触媒反応にときめく
・有志活動でたまたま自分がつないだ出会いが、事業化につながるというまさかの展開になって驚く。自分にもできることがあるんだ

【一貫性】その行動は、どう結果に結びつくのか？

人の人との化学反応から、予想外のオドロキが生まれる。
その瞬間は、心躍るような「進化」のきっかけになる。

【一貫性】その行動は、どんな価値観に基づいているのか？

想定外の化学反応は、好奇心と直感による組み合わせによって生まれる。
フラスコの中だけでは限りがあるので、勇気をもってはみ出すことを意識している。

【具体性】このWILLで、これまでやってきたこと、いまやっていること、
これからやることを説明できるか？　具体的な目標がイメージできるか？

・社会人になってすぐに有志活動に参加。いろんな人と出会い、つながりをつくる。もうなんかライフワークみたいな感覚
・仕事の研究開発でも、意識的に領域外にはみ出し、得たものを組み合わせてみる実験的な活動をしている
・最近アート鑑賞が趣味。アートが対話の触媒になってる！対話型アート鑑賞の講座に通いはじめた。ファシリテーターをやってみたい
・追加！アート×化学みたいなハミダシ企画を仕事で提案してみよう！

ら湧いてきますか？

具体的に書けないのであれば、もっと解像度を高めていきたいですね。**ＷＩＬＬは、アクションにつながってナンボ！** もしも、行動を思いつけないのであれば、ミッションを中心に**「動詞（自分は何をする人なのか）」**を、再確認してみましょう。

私も確認してみました！　やっぱり、はみ出すという言葉が私にとっては大事で、フラスコの中だけでは限りがあると考えたこととつながっていると再確認できました。今後、新しい部署でやりたいことも見えてきたように思います！

素晴らしいね！　ちなみに、新しい部署の話が出たから、個人と組織のＷＩＬＬを重ね合わせてみよう。別冊20ページを見てね。

重ね合わせですか？

そう。これは、今所属している組織や転職したいと思っている会社のバリュー、ミッション、ビジョンと自分のＷＩＬＬを重ね合わせてみるためのものなんだ。

あれ？　私、会社の価値観と比べると、ズレてる？

それぞれ抽象度を上げたり下げたりすることで、重なる点が見えてこないかな？　この会

●斉藤さんのWILLの重ね合わせ

私のWILL	所属組織／会社のWILL
VISION：実現したい未来、見たい風景（結果） オドロキからのトキメク進化	VISION：実現したい未来、見たい風景（結果） 世界中の人々の生活の品質を向上させ、地球にも貢献する
▲	▲
MISSION：命（時間）をかけて、私が取り組むこと（行動） 自らを触媒として、人と人との化学反応を起こす	MISSION：命（時間）をかけて、私が取り組むこと（行動） ヒトにやさしい化学製品の開発と提供を通じて、ときめく明日と文化を創造する
▲	▲
VALUE：価値観・信念・在り方（大切にすること） 好奇心と直感を信じてハミダス	VALUE：価値観・信念・在り方（大切にすること） ・私たちは内外のステークホルダーと連携し、共に問題を解決し、成果を最大化します（つよい） ・私たちは地域社会と環境への配慮を大切にし、持続可能なビジネス実践を奨励します（やさしい） ・私たちは常に新しいアイデアと技術を追求します（おもしろい）
▲	▲

重なりや違いは？　私がイマ、ココにいる理由、ココでやりたい、成し遂げたいことは？

化学というアプローチや、対象をヒトや地球までにしているところがやっぱり自社の好きなところ。会社のWILLの表現は固いけど、自分のやりたいことと重なっていることが確認できた。また、「化学製品の開発と提供」に引っ張られて、自分のWILLも「ものづくり」だと思っていた。最近は、「ものづくり」がしたいわけじゃないとモヤモヤしていたが、それをつくる人や関係性をなんとかしたいという想いが強くなってきている。ものをつくる人は大好きだし、自社の仲間も大好き。だからこそ、ココで自分ができる、やりたいアプローチに挑戦してみたい。

社を選んだ理由、誇りを持って働けていた理由、なんだか好きな理由を考えてみることで、重なりは見つかると思うけれど。

化学というアプローチや、対象を人や地球にまでしているところが、やっぱり自分の会社の好きなところだなと思いました。あと、以前は自分のミッションも、会社のミッションに引っ張られて「役に立つ製

品を生み出す」なんて書いていましたけれど、私はモノづくりがしたいわけじゃないから
モヤっていたんだと思います。

なるほど、なるほど。

でもモノをつくる人は大好きだし、会社の仲間も大好き。そこにいる自分も好き。やっぱりこの会社で働いていきたいなあって思いました。ここでできる、自分ならではのアプローチがしたい。

ハミダシストだね！

恥ずかしいけれど、そういう言葉があると、一歩踏み出そうって思えていいですね。

ここからは、バリュー、ミッション、ビジョンをつなげていよいよWILLを物語化するのだけれど、その前に、渡辺くんのバリュー、ミッション、ビジョンもぜひ見せてください！

斉藤さんの言語化を聞いたあとだと、なんだか拙いかもしれないのですが。

でもWILLは……。

わかっています。大川さん、「**WILLは人と比べるものではない**」って言いたいんですよね。

先越された（笑）。

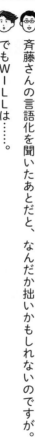

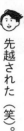

はい。今回このワークをやって良かったと思うのは、**自分は自分であるということを再認識できた**ことです。

渡辺さんは、もともと独自路線をいくタイプだと思っていました。

うん。自分でもその意識はあったのだけれど、今回自分の過去のいろんな記憶から「大切にしてきたこと」を棚卸ししたことで、より「自分らしく生きよう」という気持ちが強くなってきたという感じかなあ。

渡辺さんの言語化が気になります。

● 渡辺くんのWILLの構造化（左部）

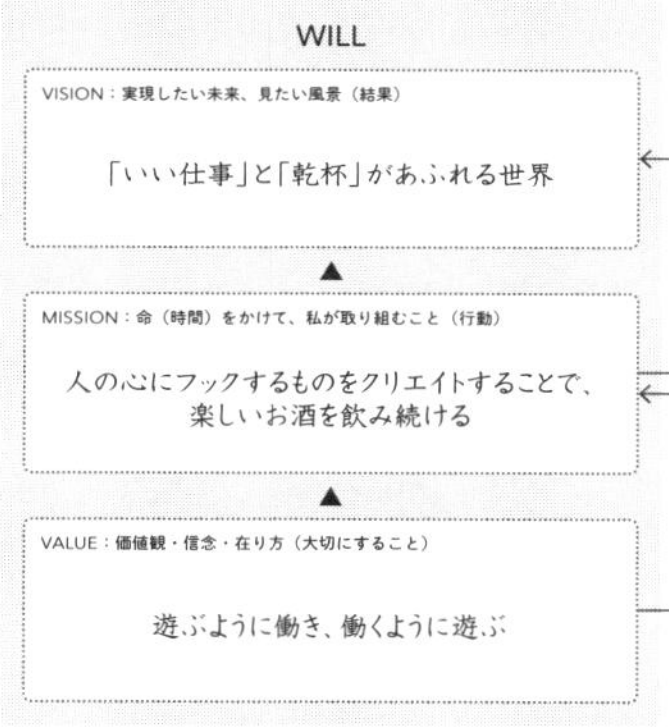
WILL
VISION：実現したい未来、見たい風景（結果）
「いい仕事」と「乾杯」があふれる世界
MISSION：命（時間）をかけて、私が取り組むこと（行動）
人の心にフックするものをクリエイトすることで、楽しいお酒を飲み続ける
VALUE：価値観・信念・在り方（大切にすること）
遊ぶように働き、働くように遊ぶ

僕は、最初にビジョンが見えたんですよね。「いい仕事」と「乾杯」があふれる世界。

イメージ採集もお酒飲んでいる画像がたくさんでしたもんね（笑）。

そう。で、ミッションもやっぱり「お酒を飲み続ける」になりました（笑）。

これぞ、一貫性!!

● 渡辺くんのWILLの構造化（左下部）

言葉に込めた／感じる【想い】は？		言葉に込めた／感じる【らしさ】は？
こんな生き方もいいよねって思える生き方にしたい	×	世の中変える高い志よりも「楽しいお酒を飲むこと」がやりたいこと！

ただ、どういうやり方でお酒を飲むかというと、「クリエイトする」という動詞が浮かんできて。やっぱり、人の心を動かすものをつくりたいんですよね。

でも、心を動かすという言葉はフィットしなかったんだね。

そうなんです。いろいろ考えていたときに、初期の頃に出てきた「フックする」という言葉を思い出しました。動かすというよりは、引っ掛かりをつくる。きっかけをつくる感じ。

いいですね。らしさが出ています。

バリューは遊ぶように働き、働くように遊ぶ。これは、文字通り楽しく働きたい、真剣に遊びたいという意味もあるけれど、仕事とプライベートの境目がない生活をしたいという意味も込めました。

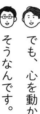

渡辺さんは、バリューの部分、ずっと変わっていないですよね。最初のほうから言語化されていた。

「想い」と「らしさ」のところにも、「高い志よりも、楽しいお

●渡辺くんのWILL構造化（右部）

【起源】WILLに影響を与えているエピソードは？（原体験、偏愛、願望 etc）
・新卒時代の激務だけど全てが遊びのように感じる楽しさ
・ものづくりは、どのフェーズでも役割でも楽しい
・でも何より最高なのは、仕事後の乾杯
・いい乾杯ができた仲間とは、よりいい仕事ができる好循環

【一貫性】その行動は、どう結果に結びつくのか？

クリエイトしては飲み、飲んではクリエイトすることで、「いい仕事」と「乾杯」がスパイラルアップしていく。このスパイラルのはじまりとなる「フック」をつくることが自分の役割。この生き方や働き方を見て、誰かが真似し、世界に伝播する。


【一貫性】その行動は、どんな価値観に基づいているのか？

いい仕事は遊び心から生まれる。

遊びと仕事を切り分けず、あえて混ぜていくことで、「働き方」は「生き方」になる。子どもにも、そんな生き方を見せたい。


【具体性】このWILLで、これまでやってきたこと、いまやっていること、これからやることを説明できるか？　具体的な目標がイメージできる？
・雇用形態や働き方が変われど、一貫して素直に楽しい仕事をやってきた。ここまでなんとか楽しく生きてこられた
・家族とも、美味しい「乾杯」をしたい
・この生き方と共感する仲間や組織を引き続き探索する
・これからは、「美味しいお酒」自体の探究にも力を入れたい
・美味しいお酒がある国をいくつか回って移住もしたい

酒を飲むこと」とありますね。

一貫してる！（笑）

そう、酒のほうは一貫してます。ただ、この「高い志よりも」という言葉は、実はちょっと複雑な想いから生まれているなって思ったんですよね。

というのは？

僕、これまで取材する同世代の起業家の人たちがまぶしくて仕方なかったんですよね。でも自分には世界を変えてやろうという高い志はない。そこに対するコンプレックスのようなものがあったのだと思います。

なるほど。

でも、今回のワークを通して、**僕は僕のやりたいことをやればいいだけで、起業家のように生きる必要はない**と腹落ちさせることができたのだと思います。それが「高い志よりも楽しいお酒」という言葉になったなと。

言葉の裏側にそういう渡辺くん〝らしさ〟を込めたのですね。

WILLのチェックもやってみました（177ページ）。

「スパイラルアップ」という言葉が素敵。

美味しいお酒を求めて移住まで視野に入っているところがいいですね（笑）。

家族とも乾杯なんですね。お子さんとはジュースで乾杯かな。

言語化を促進する「問い」の極意

ここまで行ってきた「言語化」について、改めてまとめてみます。ポイントは2点です。

・具体（手段）と抽象（目的）の往復を促す「問い」を意識的に組み立てる

・「脳内映像」を言葉で説明する

「具体（手段）と抽象（目的）の往復を促す『問い』を意識的に組み立てる」①について詳しく説明します。「問い」はいくつかに分類できます。

まずは「発掘の問い」。4章でも説明した基本3種の、「なんで？」「それで？」「ほんとう？」を繰り返して、各要素を分解、深掘りします。

次にそれらを収束、再構築していくための「問い」があります。これを「言語化クエスチョン」と名づけます。ここでは、オープンクエスチョンとクローズドクエスチョンを使い分けます。

オープンクエスチョンとは、思考を自由に動かすための「問い」です。具体（手段）と抽象（目的）を何度も行き来するように、「何のため？」「それってつまり？」「共通点は？」「具体的には？」「ほかには？」を繰り返し自問してみてください。頭の中に、何度でも再現できそうな「映像」をつくります。

いくつかの具体的なエピソードを起点にして問いを組み立てていくことで、手触り感や「らしさ」のある言葉が見えてきます。逆に「社会課題を解決したい」といった抽象度が高い言葉から考えると、ふわふわした言葉のまま迷宮入りすることがあるので注意しましょう。

クローズドクエスチョンとは、思考を制限することで、新しい発想を誘発したり、解像度を高めるための「問い」です。「もしかして、〇〇？」と大胆な仮説や言い換えをしてみると、「そうそう！」という部分と「いや、ちょっと違うかも？」という部分が出てきます。それぞれなぜそう思うのかを説明しようとすることで、自分の本

●言語化を促進する「問い」の極意

その1 **具体（手段）と抽象（目的）の往復**を促す「問い」を意識的に組み立てる

その2 相手と「**脳内映像**」を共有し、それを言葉で説明する

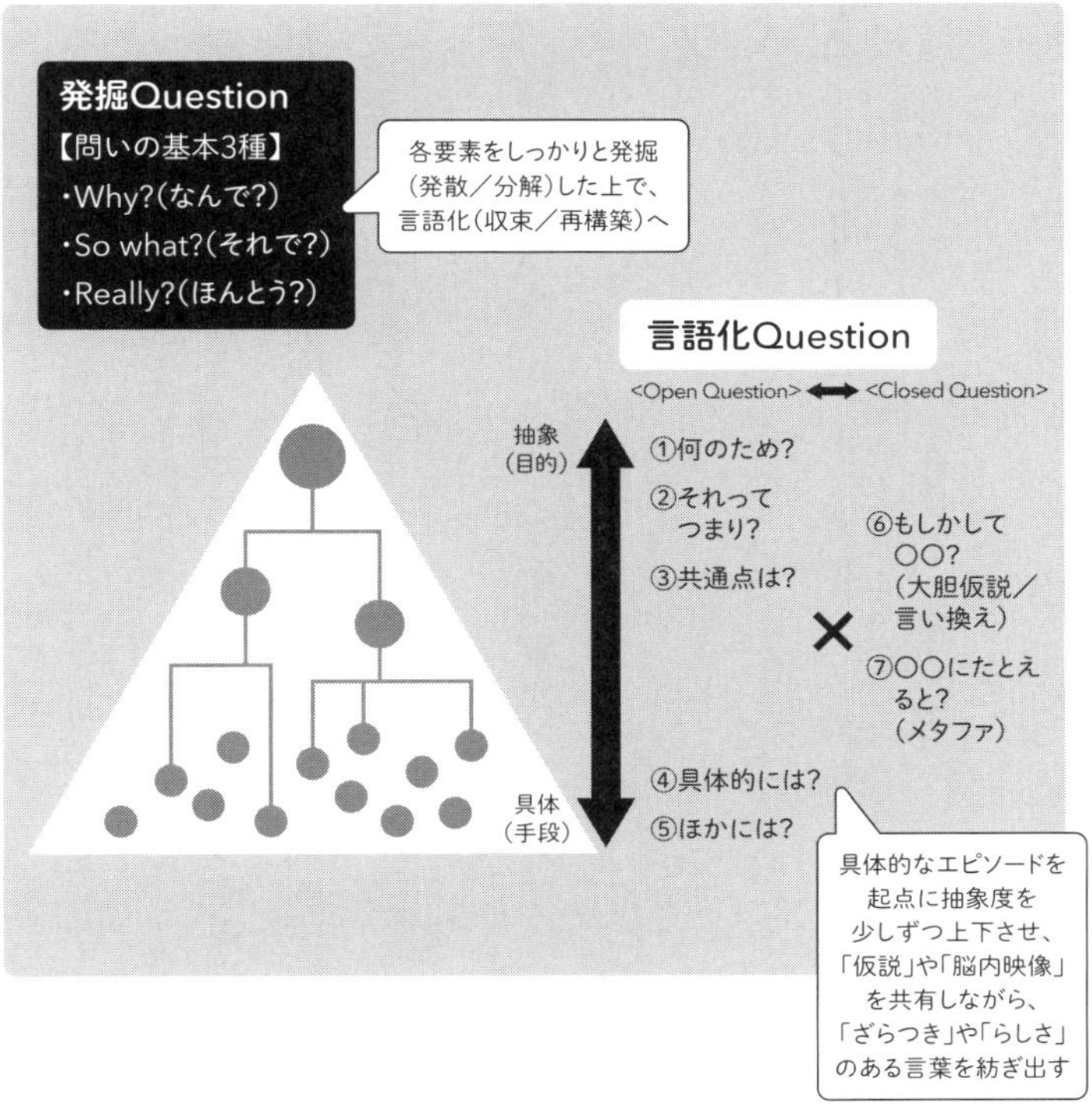

発掘Question
【問いの基本3種】
・Why?（なんで?）
・So what?（それで?）
・Really?（ほんとう?）
各要素をしっかりと発掘（発散／分解）した上で、言語化（収束／再構築）へ
言語化Question
<Open Question> ⟷ <Closed Question>
抽象（目的）
具体（手段）
①何のため?
②それってつまり?
③共通点は?
④具体的には?
⑤ほかには?
×
⑥もしかして○○?（大胆仮説／言い換え）
⑦○○にたとえると?（メタファ）
具体的なエピソードを起点に抽象度を少しずつ上下させ、「仮説」や「脳内映像」を共有しながら、「ざらつき」や「らしさ」のある言葉を紡ぎ出す

当の想いに気づき、表現することができるようになります。

また、「○○にたとえると?」という質問を自分に投げかける強制発想も有効です。○○は、偏愛など好きなもの・ことでたとえると、次々に言葉が出てくるでしょう。たとえば、やりたいことを「焚き火」にたとえるとしたら、「火をつける」がしたいのか、「薪をくべる」がしたいのか、全部やりたいのか? 自分が取る行動を想像しながら、脳内での映像化を進めてください。

ここまでの自問自答で**脳内で映像化したイメージを、言葉で説明していきます。**たとえば斉藤さんは、「化学実験のシーン」、渡辺くんは「飲み会のシーン」の映像が頭に浮かんでいたのではないでしょうか。

その映像シーンにおいて、あなたは何を考えていて(バリュー)、どんな行動をして(ミッション)、どんな結果(ビジョン)が起こりましたか? それを言葉にしていくのです。

別冊18ページ

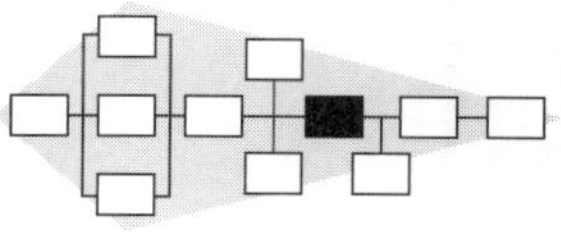

「強い糸」でつながった「言葉」を組み合わせ、VISION、MISSION、VALUEの定義に合わせて短文化し、成型してきましょう。【起源】【一貫性】【想い】【らしさ】【具体性】の観点から検証し、腹落ちするまで構造化を進めましょう。

【起源】WILLに影響を与えているエピソードは？（原体験、偏愛、願望 etc）

- 自然科学が好き（『ダーウィンが来た!』は毎週録画）
- 化学系学部出身。はじめての理科の実験で触媒反応にときめく
- 有志活動でたまたま自分がつないだ出会いが、事業化につながるというまさかの展開になって驚く。自分にもできることがあるんだ

【一貫性】その行動は、どう結果に結びつくのか？

人の人との化学反応から、予想外のオドロキが生まれる。
その瞬間は、心躍るような「進化」のきっかけになる。

【一貫性】その行動は、どんな価値観に基づいているのか？

想定外の化学反応は、好奇心と直感による組み合わせによって生まれる。
フラスコの中だけでは限りがあるので、勇気をもってはみ出すことを意識している。

【具体性】このWILLで、これまでやってきたこと、いまやっていること、これからやることを説明できるか？　具体的な目標がイメージできるか？

- 社会人になってすぐに有志活動に参加。いろんな人と出会い、つながりをつくる。もうなんかライフワークみたいな感覚
- 仕事の研究開発でも、意識的に領域外にはみ出し、得たものを組み合わせてみる実験的な活動をしている
- 最近アート鑑賞が趣味。アートが対話の触媒になってる！ 対話型アート鑑賞の講座に通いはじめた。ファシリテーターをやってみたい
- 追加！ アート×化学みたいなハミダシ企画を仕事で提案してみよう！

● 斉藤さんの構造化

構造化：WILLの構造化

WILL

VISION：実現したい未来、見たい風景（結果）

オドロキからのトキメク進化

▲

MISSION：命（時間）をかけて、私が取り組むこと（行動）

自らを触媒として、
人と人との化学反応を起こす

▲

VALUE：価値観・信念・在り方（大切にすること）

好奇心と直感を信じてハミダス

言葉に込めた／感じる【想い】は？
触媒のように、
化学反応のきっかけになりたいし、
一番近くで見ていたい。

✖

言葉に込めた／感じる【らしさ】は？
私は主役でなくてもいい。
むしろ恥ずかしい。でも好奇心は抑えられないので自分から動いちゃう。

「強い糸」でつながった「言葉」を組み合わせ、VISION、MISSION、VALUEの定義に合わせて短文化し、成型してきましょう。【起源】【一貫性】【想い】【らしさ】【具体性】の観点から検証し、腹落ちするまで構造化を進めましょう。

別冊18ページ

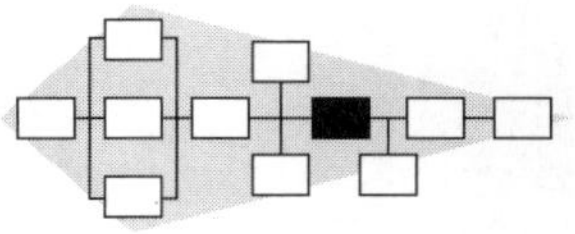

【起源】WILLに影響を与えているエピソードは？（原体験、偏愛、願望 etc）

・新卒時代の激務だけど全てが遊びのように感じる楽しさ
・ものづくりは、どのフェーズでも役割でも楽しい
・でも何より最高なのは、仕事後の乾杯
・いい乾杯ができた仲間とは、よりいい仕事ができる好循環

【一貫性】その行動は、どう結果に結びつくのか？

クリエイトしては飲み、飲んではクリエイトすることで、「いい仕事」と「乾杯」がスパイラルアップしていく。このスパイラルのはじまりとなる「フック」をつくることが自分の役割。この生き方や働き方を見て、誰かが真似し、世界に伝播する。

【一貫性】その行動は、どんな価値観に基づいているのか？

いい仕事は遊び心から生まれる。
遊びと仕事を切り分けず、あえて混ぜていくことで、「働き方」は「生き方」になる。子どもにも、そんな生き方を見せたい。

【具体性】このWILLで、これまでやってきたこと、いまやっていること、これからやることを説明できるか？　具体的な目標がイメージできるか？

・社雇用形態や働き方が変われど、一貫して素直に楽しい仕事をやってきた。ここまでなんとか楽しく生きてこられた
・家族とも、美味しい「乾杯」をしたい
・この生き方と共感する仲間や組織を引き続き探索する
・これからは、「美味しいお酒」自体の探究にも力を入れたい
・美味しいお酒がある国をいくつか回って移住もしたい

●渡辺くんの構造化

構造化：WILLの構造化

WILL

VISION：実現したい未来、見たい風景（結果）

「いい仕事」と「乾杯」があふれる世界

▲

MISSION：命（時間）をかけて、私が取り組むこと（行動）

人の心にフックするものをクリエイトすることで、
楽しいお酒を飲み続ける

▲

VALUE：価値観・信念・在り方（大切にすること）

遊ぶように働き、働くように遊ぶ

言葉に込めた／感じる【想い】は？
こんな生き方もいいよねって思える
生き方にしたい

✖

言葉に込めた／感じる【らしさ】は？
世の中変える高い志よりも
「楽しいお酒を飲むこと」
がやりたいこと!

コラム

ＷＩＬＬが明確化したあとに生まれる悩み

ＷＩＬＬが少しずつ明確になってきて、ワクワクした気持ちになっている人もいるでしょう。一方で、今やっている仕事と方向性が全然違うかも……と不安になりはじめた人もいるかもしれません。

これを組織の中の人の視点でも考えてみましょう。個人のＷＩＬＬが明確になることで「キャリア自律」するのはいいのだけれど、今の仕事とのズレが明確になって辞めてしまうのではないか!? と心配になるかもしれません。でも大丈夫。安心してください。

個人のＷＩＬＬと組織のＭＵＳＴをつなげ、「エンゲージメント」を高める方法があります。

それによって、個人と組織のパフォーマンス向上を目指すことも可能になります。

どうやるのか？ それは、個人と組織のＷＩＬＬ・ＣＡＮ・ＭＵＳＴの関係性を整理し、個人の成長と組織のパフォーマンス向上の両立を目指す対話を行うことです。その連結シナリオを共有して腹落ちさせ、マイルストンや目標値に反映することで、日々のマネジメントに組み込むことも可能です。

この対話のコツは、ＣＡＮを経由して、ＷＩＬＬとＭＵＳＴをつなぐことです。

・ＷＩＬＬを実現するために必要なＣＡＮって何だろう?
・そのＣＡＮは今持ち合わせているだろうか?
・足りてないＣＡＮは何だろう?

・そのＣＡＮは、どんなＭＵＳＴをやりきることで得られるだろうか？

そんな対話をしていくことで、「自分のＷＩＬＬを実現するために、目の前のＭＵＳＴがどんな意味を持つのか」を腹落ちさせることができます。

だれもが自分のＷＩＬＬを組織のＭＵＳＴと連結して意味付けしたり、チームメンバーとの対話をすることができます。

●WILL ／ CAN ／ MUST のつなぎ方（6Pack モデル）

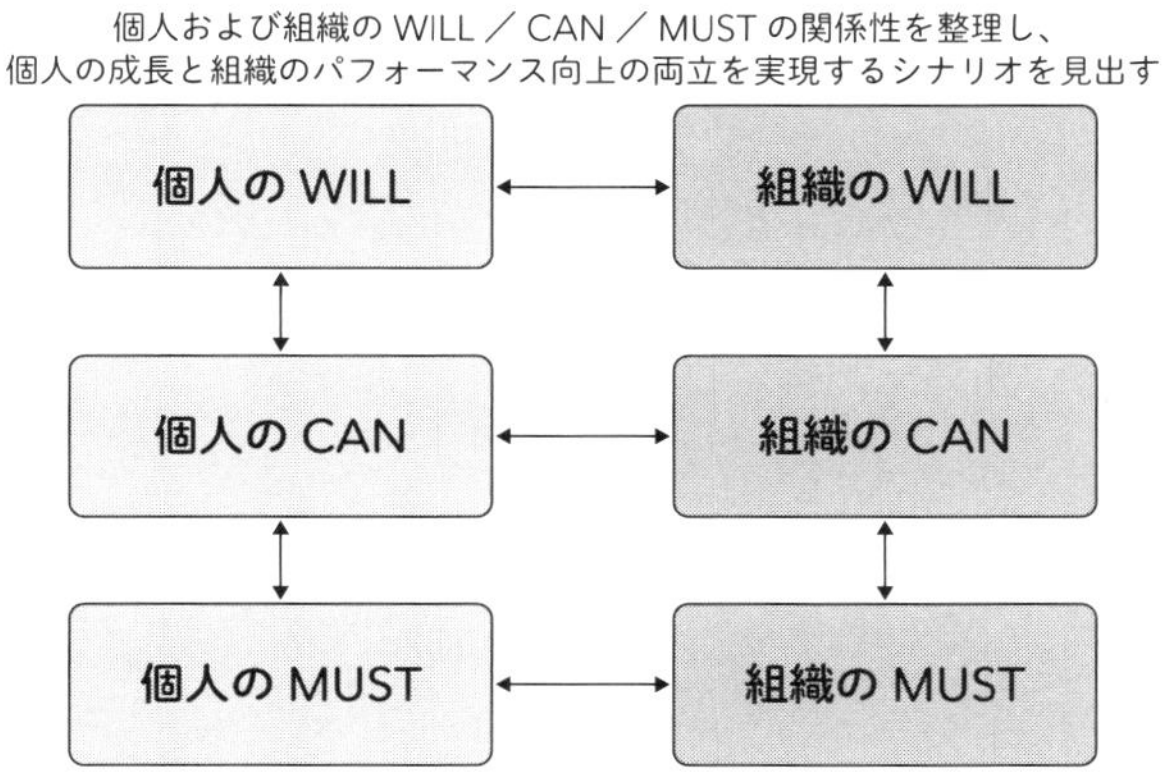

第8章

WILLを物語化する

バリュー、ミッション、ビジョンのうち、
とくに軸になっているものを中心に
物語をつくるといいですよ

WILLを物語化する

では、2人のバリュー、ミッション、ビジョンがそろったところで、これらをつないでWILLを物語にしましょう。パワーワードを集めて一等星や二等星を見つけたよね。次にそれらを構造化してバリュー、ミッション、ビジョンの形で表現しました。これは星座を作るような作業でしたよね。最後はこれを物語にします。たとえるなら、**星座に神話をのせるような感じ**かな。

なるほど！　物語と言われるとちょっと構えちゃうけれど、星座の由来みたいなことを語れるようにするというわけですね。

そうそう。ストーリーにすることで、人の心にも残りやすくなります。自分を紹介する文章を考えると言い換えてもいいかもしれない。といっても、2人ともバリュー、ミッション、ビジョンがしっかり言語化できているので、あとは、それをストーリーにするだけ。

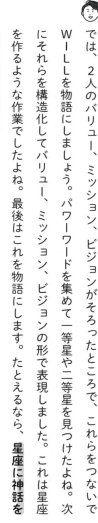

コツはあるんでしょうか？

人によって、バリュー、ミッション、ビジョンのうち、とくに**軸になっているものを中心に物語をつくる**といいですよ。すでに、ミッションとバリュー、ミッションとビジョンの一貫性についてはチェックしているから、すんなりと言語化できるはず。

WILLの物語化3つの型

WILLの物語化は、バリュー、ミッション、ビジョンの言葉を使って行います。ここではバリュー優先型、ミッション優先型、ビジョン優先型のそれぞれで、物語化の例を掲載します。最初に伝えたいことが、バリューなのか、ミッションなのか、ビジョンなのかで、型を選択してみましょう。

①バリュー優先型

私が大切にしているのは、「(個人のバリュー、こうやって生きたい、在りたい)」です。なぜなら、「(そこに至った背景、原体験、偏愛)」があるからです。

この価値観に基づき、「（個人のミッション）」という活動をしており、その結果「（個人のビジョン）」といった世界を見たいと考えています。

具体的には、「（現在の仕事や活動）をしています。今後は「（ビジョン、ミッションに向かう具体的な活動）」をしていきたいと思っています。

もしよければ「（聞き手に求める期待やアクション）」をしていただけると嬉しいです。

②ミッション優先型

私は、「（個人のミッション）」をミッションとして活動しています。

なぜなら、「（そこに至ったバリューや背景、原体験、偏愛）」があるからです。

具体的には「（現在の仕事や活動）」をしています。

今後は「（ビジョン、ミッションに向かう具体的な活動）」をしていきたいと思っています。

その結果「（個人のビジョン）」が実現することを願っています。

もしよければ「（聞き手に求める期待やアクション）」をしていただけると嬉しいです。

③ビジョン優先型

私が実現したいのは、「(個人のビジョン)」です。
なぜなら、「(そこに至ったバリューや背景、原体験、偏愛)」があるからです。
そのために、「(個人のミッション)」をしたいと考えています。
現在は「(現在の仕事や活動)」をしています。
今後は「(ビジョン、ミッションに向かう具体的な活動)」をしていきたいと思っています。
もしよければ「(聞き手に求める期待やアクション)」をしていただけると嬉しいです。

さて、どうでしょうか。もちろん自分の語りやすいようにアレンジしてOKです。
別冊22ページを開いてみましょう。

これ、思ったより、すんなりできそうです。僕からトライしてもいいですか？

もちろん！

渡辺さんは、何型ですか？

僕はやっぱり、ビジョン優先型だと思うんです。

たくさんの乾杯ですね！

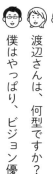

物語化：WILLの物語化

「わたしは、仕事や人生において何をしたいのか？」という問いに答えるストーリーを書き上げてみましょう。人に何度も何度も語ることで、磨き込み、自分のオリジナルストーリーに仕上げていきましょう。

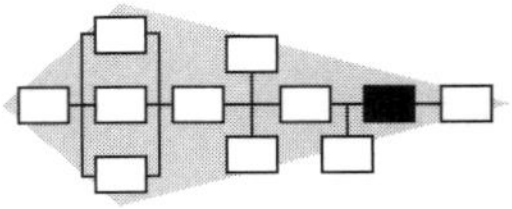

初版

ショートストーリー：自己紹介ピッチ

ミドル〜ロングストーリー：自分語り

そう。ちょっとやってみますね。

私が実現したいのは、「いい仕事」と「乾杯」があふれる世界です。なぜなら、真剣に取り組んだ仕事のあとの仲間との乾杯が、仕事と同等以上に素晴らしいものだと思っているからです。私は、遊ぶように働き、働くように遊びたいと思って生きています。そのためにも、人の心にフックするものをクリエイトすることで、仲間と楽しいお酒を飲み続けたいと考えています。現在は、企画、編集、出版など横断的なクリエイティブディレクションをしています。今後は、より楽しい乾杯をするための場所と、お酒の研究もしていきたいと思っています。いい仕事と乾杯の場をぜひご紹介ください！

いいですねー！

ちょっとアレンジしました。こうやって自己紹介にすると「フックするものをクリエイトする」の部分、もう少し説明が必要かもと思いました。

そういう気づきはすごく良いね。**型はあくまで型なので、自分の語りやすいようにどんどん変更してください。**ここでは魚の目のように時間の流れを意識してみてね。一度物語化したあとも、このほうが話しやすいなとか、順番を変えたほうが伝わりやすいなと思ったら、どんどんブラッシュアップしてみよう。

私もやってみます。最初は一番言語化が難しいと思っていたミッションが、最後は一番しっくりきたので、ミッション優先型で話してみようと思います。

どうぞ！

私は、自らを触媒として、人と人との化学反応を起こすことをミッションとして活動しています。なぜなら、私が介在した出会いをきっかけに、新規事業が生まれるというドキドキの原体験があったからです。今は、メーカーの研究開発者として、意識的に領域外にはみ出し、そこで得たものを組み合わせて化学反応を生み出す実験的な活動をしています。今後は、特にアートやデザインを触媒にして対話型アプローチをすることで、化学反応を起こすチャレンジをしていきたいと思っています。その結果、人と人との間に起こる化学反応で、オドロキからのトキメク進化が実現することを願っています。エネルギーが高くて面白い人がいたら、ぜひ紹介してください。

2人とも、「想い」や「らしさ」にあふれた自己紹介になったと思います。こういう自己紹介だと、周りの人たちも**「仲間になりたい」**とか、**「協力したい」**とか、**「あの人を紹介しよう」**と思うようになるんだよね。そうすると、WILLで語った「これからやりたいこと」が、どんどん実現しやすくなります。

私も何度も見返してブラッシュアップしていきたいです。今、新しい部署で自己紹介しなきゃいけない機会が多いので、嬉しいです！

ショートバージョンで骨組みができたら、ワークシート下のミドル〜ロングバージョンも考えてみると良いかもしれないですね。自己紹介だけでなく、さらに深い話をするときにぐっと人を惹きつける魅力的なストーリーになりますよ。

ここでは、斉藤さんの自己紹介の長いバージョンを紹介します。

私は、自らを触媒として、人と人との化学反応を起こすことをミッションとして活動しています。なぜなら、私が介在した出会いをきっかけに、新規事業が生まれるというドキドキの原体験があるからです。今の企業に入社してすぐ、ちょっとした好奇心で、よくわからないまま直感的に有志活動に参加しました。そこにはこれまでの人生や社内では会ったことがないような熱量と行動力を持つ「ヒト」がたくさんいました。そのヒトたちは、高い活性化エネルギーを持ち、つながり、ぶつかり、何かを生み出し続けていました。「なんだこの現象は!?」研究者肌の私は、できるだけ近くで観察したいと思い、勇気を振り絞っていろいろなところに顔を出すようになりました。そんな中、自分が共通の知り合いであることから、ヒトとヒトをつなぐ機会がありました。その場はとても盛り上がり、その後、企業間コラボによる新規事業が生まれたんです。この化学反応に自分でもオドロキが隠せないほど。何者でもない人見知りの自分でも、「触媒」となって大きな反応をつくることができるんだという大きな発見でした。小学生のときに感じた化学実験の面白さって、この「オドロキ」があるからだなって思い出しました（笑）。

その後、本業でもメーカーの研究開発者として、意識的に領域外にはみ出し、得たものを組み合わせて「化学反応」を生み出す実験的な活動をしています。

最近は、ただの趣味だと思っていた「アート」も実は「触媒」っぽいことに気づき、「対話型アート鑑賞」を学んでいます。もし興味があればあとで詳しくお話しさせてください！　今後は「アートを触媒とした対話アプローチからの化学反応を起こすチャレンジ」にも取り組んでいきたいと思っております。その結果として、化学反応が生むオドロキからのトキメク進化を実現していきたいなとワクワクしております。

あなたのまわりにも、エネルギーが高くて面白い人がいたらぜひ紹介してください。

コラム

越境とWILL

WILL発掘ワークショップは、ローンディール社のコア事業である「レンタル移籍」の事前研修として生まれ、今日まで磨き続けられてきたものです。

「レンタル移籍」とは、大企業の人材が自社に所属したまま12か月程度フルタイムでベンチャー企業で働き、価値創造や事業開発に取り組む仕組みです。いわゆる「越境学習」のプログラムで、いかに未知に挑戦し、自らの意志と判断で数々の試練や葛藤を乗り越えるかが鍵になります。

レンタル移籍前に結構な時間をかけて「WILL発掘」を行う理由は、

①WILLを語るベンチャー企業とのマッチングの確度向上

②試練や葛藤にぶつかったときの「自律的な行動」の促進

の2点があげられます。

大企業からレンタル移籍を希望する人たちは、WILLを言葉にすることが苦手です。一方でベンチャーの経営者は、自らのビジョンや志を熱く語ります。

大企業の人たちは、ベンチャー企業にマッチングされたいからといって、「全部共感します！」というわけにはいきません。それだけではもちろんマッチングは成立しません。「あなたのココに共感します！　なぜなら、私もこんなことをやりたくて。具体的にはこんなことやってます！　もしご一緒できるならこんなことやりたいです！」というように、相手のＷＩＬＬとの重なりや、やりたいことを具体的に語れることが必要になってくるのです。

また、移籍期間中は「未知への挑戦」の日々になります。ベンチャー企業では、経営者すら初めてのチャレンジが多いので、レンタル移籍者に対して明確なタスクが落ちてくることはありません。

そのため、会社のＷＩＬＬや自分のＷＩＬＬに立ち戻りながら、自ら「目的」を設定し、自律的に動き続けることが必要になります。未知な状況であるほど、その試練や葛藤は大きくなりますが、そんなときこそＷＩＬＬが頼りになると言えるでしょう。

ちなみに、「目的」はＷＩＬＬから生まれます。「目的」は達成されると消滅し、またＷＩＬＬから次の「目的」が生まれます。

越境経験の質を高めるにはＷＩＬＬを持つことが有効であることをイメージできたでしょうか？

レンタル移籍を経験した人たちからは、ＷＩＬＬに向き合ったことが一番の収穫だったという声も多くあります。

一般的には、副業をしたり、ボランティアをしたり、新しいコミュニティに入ったりすることも「越境」と呼んだりしますね。せっかく越境するのであれば、なんとなく「やってみる」だけでなく、ＷＩＬＬもぜひ意識してみてください。「何をやってみたいか」もそうですし、やってみた結果「どうＷＩＬＬがＵＰＤＡＴＥされるか」も気にしてみると、あなたの人生が加速するかもしれませんよ!?

第9章

WILLを行動につなげる

自分の人生、全部意味があったんだなぁ
終わりというか、始まりという感じもするよね

WILLを行動につなげる

さて、WILL発掘の旅も、本当に大詰め。ラストは、言語化したWILLを行動につなげるためにできることを考えていこう。

そうでした。最初に説明してもらいましたもんね。何のためにWILLを言語化したほうが良いのかという話。

迷わず行動できるようになるため。だから、WILLの言語化自体が目的だったわけじゃないですもんね。

そう。ここからは、せっかく言語化したWILLを、よりアクションにつなげやすくするためのワークにうつるよ。ここではまず、先ほど語っていたWILLを端的に一文で表現してみよう。別冊24ページを開いてみて。

一文ですか？

行動化：WILLの行動化

生煮えでも、必ず「WILL β版」を言語化しきってください。このWILLに従って、カコ／イマ／ミライのACTIONを検証してみましょう。その中から、イマすぐに着手／加速できるACTIONを見つけ出し、①WILLと②ACTIONを宣言し、行動を開始しましょう！

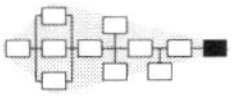

初版

私のWILLは、

です。

私を一言でいうと、

です。

カコやってきたこと	イマやっていること	ミライにやりたいこと

▼

ACTION宣言（いつ、なにを、だれと、どれくらい）

UPDATE版

私のWILLは、

です。

私を一言でいうと、

です。

カコやってきたこと	イマやっていること	ミライにやりたいこと

▼

ACTION宣言（いつ、なにを、だれと、どれくらい）

一言で伝わる「WILL β版」を言語化しきってから、すぐに「ACTION」につなげる

「私のWILLは○○○○○○○○○○です」と言い切ってしまおう。

短い一文にするのはどうしてですか？

一文に集約すると「流通しやすくなる」からなんだよね。聞いた人がすぐに理解できて、人にも伝えやすくなる。ハッシュタグで表現するのもいいね。肩書きみたいな感じで。たとえば僕は、「#WILL発掘おじさんの大川です」と名乗れば、「ああ、WILL発掘のワークをたくさんしている大川さんですね」と、覚えてもらいやすいし、人にも「この人、WILLおじさんなんです」って紹介しやすいでしょ。

なるほど。私の場合は、ミッションの部分が一番端的でわかりやすく表現されていると思うのですが、そうやってひとつだけを選んでもいいんですか？

もちろん。バリュー、ミッション、ビジョンのどれかが、最も自分のWILLを端的に示していると思ったら、そのひとつを選ぶのも手だね。

じゃあ、私はひとことWILLを「自らを触媒として人と人との化学反応を起こす」にしようかな。ハッシュタグは、「#ハミダシスト春香」とか？

ハミダシスト、前にも言っていたけれど、いいよね！　たとえば、面白い人に会ったとき「あ、ハミダシストの斉藤さんに紹介すれば、面白い化学反応になるかも」って思ってもら

● 斉藤さんの WILL の行動化（左上部）

初版

私の WILL は、

> 自らを触媒として、
> 人と人との化学反応を起こす

です。

私を一言でいうと、

> #ヒトーヒト・カタリスト
> #トキメキ進化論者
> #ハミダシスト春香

です。

ええそう。

そういう存在として覚えてもらえたらすごく嬉しいです。

渡辺くんはどう？

今、斉藤さんの話を聴きながら考えていたのですが、僕は3つをミックスしてアレンジしようかな。「遊ぶように働き、働くように遊ぶことで、いい仕事をし、楽しいお酒を飲み続けること」。どうでしょうか？

渡辺くんらしさが出ていて、しかもインパクトのあるＷＩＬＬになったね。

ハッシュタグは、#乾杯目的「働きマン」とかどうでしょう。

遊び心があっていい！

「働きマン」は、マンガのオマージュです。もうひとつ#ドランククリエイターという言葉

● 渡辺くんのWILLの行動化（左上部）

初版

私のWILLは、

遊ぶように働き、働くように遊ぶことで、
いい仕事をし、楽しいお酒を飲み続けること

です。

私を一言でいうと、

#ドランククリエイター
#心をフックするブックづくり
#乾杯目的「働きマン」

です。

も思いつきました。

毎日酔っ払ってそう（笑）。

でも、そんな人と働けたら楽しそうですよね。

物語化して自己紹介するときも思いましたけれど、「自分はこんな人です」と言葉に出すことって、**自分への約束でもあり、みんなへの宣言でもあり。**なんか、清々しい感じがしますね。

自分への約束か。いい言葉だね。

たしかに、「こんな自分になりたいと思っている＝WILL」を口に出すことで、自分の未来に責任を持ちたい気持ちになりますよね。あと、他責にせずに、自分の人生は自分で決めようという気分になる。

自分の中から出てきたWILLで、人から与えられたものではないのが大事なんでしょうね。

まさしくそれがWILLを言語化する価値だと思う。

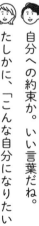

WILLを持つと迷わず行動できるようになる

この本の「はじめに」から、WILLを言語化することのメリットを語ってきました。まさに、今、渡辺くんと斉藤さんが言ってくれたように「自分が進みたい道を自分で決めるようになる」ことが、WILLを持つことの良さなのだと感じます。自分だけの羅針盤を持つことで、迷いなく行動できるようになります。言い換えれば、「セルフブート（自己起動）」できるようなるということでしょうか。

また、自分のWILLを認知できていると、機会への反応ができるようになります。WILLが言語化できたあと「チャンスが舞い込んできた」とか「いい縁が増えた」という人がいますが、それは、**これまでスルーしてきた機会や縁に、自分で気づけるようになった**というケースが多いです。自分がやってきたこと、やりたいことなどの価値観を「暗黙知」として曖昧に抱えているだけではなく、**「形式知」として言語化することで、人をどんどん巻き込みやすくなっていく**のです。

チームメンバーでＷＩＬＬを共有する

チームメンバー同士でＷＩＬＬを共有し合うこともおすすめです。相互理解が進み、良い化学反応が起こることが多いです。

話は大きくなりますが明治維新もフランス革命も、ＷＩＬＬの共鳴からスタートしています。一部の人の意識が変わると世界が変わるのです。とある１人が己のＷＩＬＬを発したことで、誰かに伝わり、共感が生まれ、行動が起こり、世界が変わりました。個人のＷＩＬＬが世界を変えてきたわけです！　ジョブズだって、ザッカーバーグだって！　個人のＷＩＬＬを言語化し、発信することの威力をイメージできましたでしょうか。

ちなみに、僕が思う「いいチーム」は、漫画『ワンピース』の「麦わら海賊団」型です。図のように、乗組員全員が、それぞれの強いＷＩＬＬを持っています。「海賊王になりたい自由すぎる船長」、「オールブルーという海を見たい女好きの料理人」、

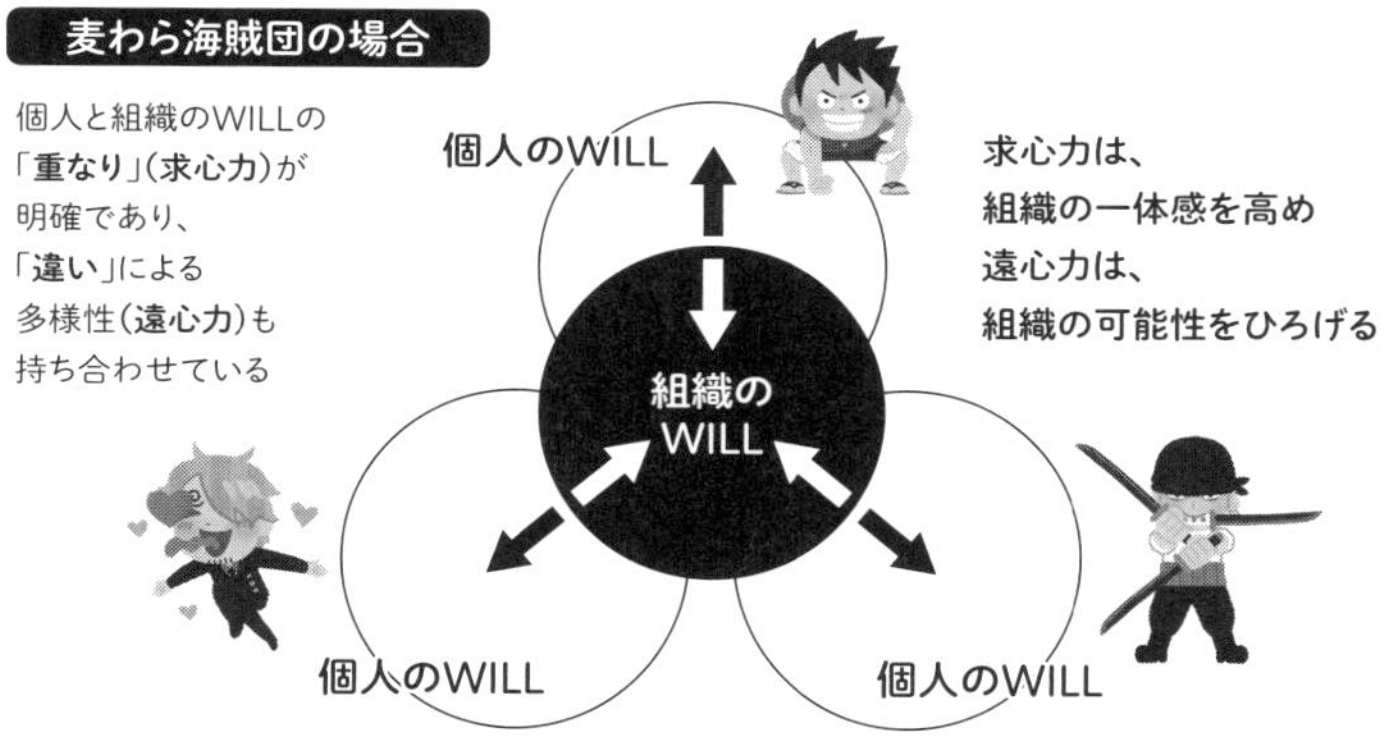
麦わら海賊団の場合
個人と組織のWILLの
「重なり」（求心力）が
明確であり、
「違い」による
多様性（遠心力）も
持ち合わせている
個人のWILL
求心力は、
組織の一体感を高め
遠心力は、
組織の可能性をひろげる
組織の
WILL
個人のWILL
個人のWILL

「世界一の剣豪になりたい方向音痴の剣士」。「秘宝」を手に入れるという共通の目的（求心力）がありながらも、それぞれのＷＩＬＬ（遠心力）を知り、尊重しあっている仲間だからこそ、変化の激しい未知なる冒険を乗り越えられるのです。

ＷＩＬＬが先か。行動が先か。

さて、このＷＩＬＬとアクションの話をすると、よく聞かれる質問が「先に行動をするのは良くないのでしょうか？」です。もちろん、必ずしもＷＩＬＬからスタートしなくても良いです。やる気はやってから出るものだとよく言われるように、行動することによってドーパミンが放出されることも多々あります。アクションした結果、自分の中に湧いてきた感情をとらえてWILLを言語化するという順番でもOKです。僕自身のWILLの発掘も、もともとはMUST（やるべきこと）に従って動くことからのスタートでした。やらなくてはならないことをやっているうちに、CAN（できること）が増え、気づけばWILLになっていたという経緯があります。

「だったら、WILL発掘なんかしなくていいじゃないか」と言われそうですが、WILLから始めることの良さもたくさんあります。**MUSTやCANがなくても、動き始めることができる**のです。動いてしまえば、モヤモヤしている時間は減ってきます。新しい刺激や経験によって、思考も行動もどんどんアップデートしていきます。

WILLがわかれば、まず、モヤモヤして動けない状態から抜け出せるようになります。また、自分のとろうとしている行動が、単なる思いつきではなく、過去から今に続く延長線上にあるものだと思えれば、自然と動きやすくなるのです。**未来に向かって補助線が引かれる**ような感覚ですね。

また、突拍子もない未来の理想からではなく、これまでの自分の人生の中から「発掘」してきた言葉なので、手触り感も実体感もあり、達成できそうだと感じやすくなります。達成可能だと感じると、人は行動を起こしやすくなります。実際に動き出したあとも、モチベーションが続きやすいし、困難に直面したときもＷＩＬＬがあれば立ち戻る拠り所になります。

こんないくつかの良いことが重なるので、今、行動に迷っている人、何をすれば良いのかわからない人にはＷＩＬＬ発掘をおすすめしているのです。

ではここで、さっき書いてみた一文のWILLやハッシュタグを見ながら、①これまでやってきたこと、②今やっていること、③これからやってみたいことを、具体的に書き出してみようか。自分の過去の行動をこのWILLで説明できるかな？　これまでの出来事も、WILLを通してみると新しい意味づけができるかもしれないね。

こうやって書き出してみると、**過去も今も、全部つながっている**という感じがしますね。

僕も同じ感想。なんだか、**自分の人生、全部意味があったんだなぁと思って、自己肯定感があがります。**

未来に向けてとりたい行動は思い浮かぶ？

最初に大川さんとカンファレンスで会ったときのモヤモヤ感が嘘みたいです。自分という本体は変わっていないのに、自分の意志を明確にするだけで、こんなにモヤモヤがなくなるなんて不思議……。

アートのワークショップをやってみるんだね。

今日中にＳＮＳに投稿して今月中にワークショップをやります。人数が集まらなくてもやってみます。今週後半に、異動になった部署の定例会があるので、そこでも自分が積極的に動いて価値が出せそうなことがないか、聞いてみることにします。

すごく具体的でいいね！

はい。私、最初に考えたＷＩＬＬは、「幸せと笑顔あふれる世界」でしたよね。それだと、明日から何をすればいいか全然イメージできなかったんです。

粒度が大きすぎたんだね。

でも、自分の納得のいく言葉を見つけられたことで、「明日からこれをやりたい」が、すぐに浮かんできました。

それは良かった！　もやが晴れると、行動したくなるよね。

● 斉藤さんのWILLの行動化（左下部）

カコやってきたこと	イマやっていること	ミライにやりたいこと
・化学系学部での研究活動 ・ロゴデザインのプロセスでチームの想いを結晶化する	・化学系メーカーの研究開発 ・いろんな人に会いに行ったりつなぐ	・異知コラボ型の新価値創造 ・アートを触媒とした対話型の化学反応をファシリテート

▼

ACTION宣言（いつ、なにを、だれと、どれくらい）
・アートに興味あるヒトに声かけてワークショップをやってみる（今日中にSNSに投稿してみる！ 今月中に実施！ 少人数でもやる！）
・自社内でも自分が触媒的に動くことで価値が出せそうなことを探索して、能動的に手を挙げてみる。モヤモヤのまま後悔しない！ 今月のグループ定例会で提案してみよう

この間は「よりによって、こんな時期にどうして異動なんだろう」と思っていたけれど、今考えたら、ものすごくいいタイミングでWILL発掘のワークと異動が重なったのかもと思いました。

僕は、同じWILLを持つ仲間や組織を探すことから始めてみます。意外と社内にいるような気もするし、転職するにしても自分のWILLと重なりが大きい場所にしようと思います。判断基準ができると、迷わなくなりますね。これが大川さんが言っていた、羅針盤というやつなんですね。

そう！　ただ、**羅針盤を持っていることの良さは脇目もふらずにWILLに向かうこ**

●渡辺くんのWILLの行動化（左下部）

カコやってきたこと

新卒時代の仕事はまさに自分のWILLを体現化したものだった。でも激務薄給すぎて、自分の身体のために転職

イマやっていること

会社員、フリーランスを交互に繰り返しながら、その瞬間に楽しいお酒が飲める環境を選んでいる。ものづくりの幅も、仲間の幅に比例して広がってきた

ミライにやりたいこと

楽しいお酒、乾杯に振り切りたい。そのために、いい仕事するだけでなく、美味しいお酒自体を探究する。そのために海外にも行く！

▼

ACTION宣言（いつ、なにを、だれと、どれくらい）

- おなじWILLを持つ仲間や組織を探す
- 子どもとの遊びから、子どもの心をフックする企画をつくる
- 美味しいビールが飲める国を探して移住計画を迷わずに進める！ とりあえず来月どこか行く！

とができるというだけじゃないんだよね。今はゆっくりスピードで航海していても方向は間違っていないぞとか、大回りするかもしれないけれど**最終目標はわかっているから焦らなくて大丈夫**とか、そういったこともわかるようになります。

自分と違う方向を向いている人たちを見ても、不安にならなくてすみますね。だって、WILLが違うのだから、優先することが違って当たり前。

渡辺くんが言っていた「人と比べなくて良くなる」というのも、やはりWILLを言語化できたときのメリットです。

僕はそれが良かったなぁ。

あ、子ども向けの企画にもトライするんですね。

はい。もっともっとプライベートと仕事をごちゃまぜにしたいんです。家族とも、おいしい乾杯ができるといいなと思って。

移住計画も！

昔から海外に住みたいという気持ちがあったのを、ワークの最中に思い出しました。結婚もしたし子どもも生まれたから、もう無理かなって思っていたんですけれど、自分のWILLとは全く矛盾していないってわかって。まずは家族旅行からですね。僕と妻は旅先で出会っているけれど、子どもたちはまだ、海外に行ったことがないので。

素敵ですね！

実は、このWILL発掘ワークの話を妻にしたら、私もやってみたいって言うんですよ。大川さんにお願いしてもいいですか？

実は、WILL発掘ワークを受けたあとに、パートナーの方もワークを受けたいと言われることが多いんですよ。夫婦でWILLを共有できたら、人生がとても豊かになると感じます。もちろん、僕が担当してもいいですけれど、別冊ワークシートを使って渡辺くんがフォローしてあげながらやるのもよさそう。

そうか。僕が大川さんがやってくれたような壁打ち相手になればいいんですね。

うん。きっとお互いへの理解が深まるいい時間になると思います。

大川さん、前に**WILLは「ブレない軸」ではなくて、変化してもいい**と言っていましたよね？　今回言語化したWILLですけれど、どんなタイミングで見直すのがいいんですか？

おすすめは「何か自分でやってみて、新しい経験をしたとき」かな。意志をもって動くことで何を感じたか、ぜひ振り返ってほしいと思います。「これだ！」と確信してWILLの解像度が上がったかもしれないし、「あれ？　ちょっと違うかも？」とWILLが変わることもあると思います。

なるほど。行動したときに振り返ればいいんですね。

このサイクルを**「WILL-ACTION Cycle」**と呼んでいるんだ。自分の意志を言語化し、具体的な行動にうつす。行動してみて、自分の意志を再度言語化する。これは、具体化と抽象化のサイクルでもあるよね。相互に行き来しながら、前進していくことで、モヤモヤがワクワクに変わる。

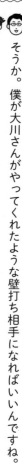

モヤモヤがワクワクに？

「WILL-ACTION Cycle」の頭文字をとってみて。「W-A-C」になるでしょ。これ、2回自分の意志を言語化し、具体的な行動に移す。
行動してみて、自分の意志を言語化する。
相互に行き来しながら前進していくことで、モヤモヤはワクワクに変わる。

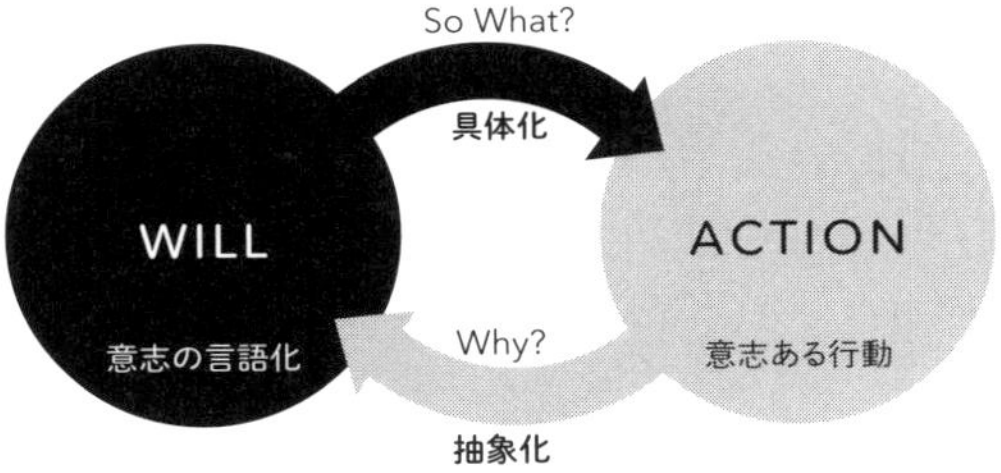

「自分を生きる」ためのWill-Action Cycle

まわせば「WACWAC（ワクワク）」なのよ。だから「WILL↓ACTION」を少なくとも、2回転してみてほしい。そうしたら絶対にワクワクに変わるから！

「うまいこと言ったった」みたいな顔やめてください（笑）。

このサイクルをまわすときのコツも伝えておくね（キリッ）。今回使ったワークブックはいつも持ち歩いておくといいかも。モヤっとしたらすぐに見返すことで自分の立ち位置を確認できるし、自分の内部に新しい言葉が生まれたら、すぐにメモっておくのもいいよね。すでに2人は言語化するプロセスを経験して理解しているので、ちょっとの心の変化もすぐ対応できると思うよ。

WILLを言語化できた人たちのその後

「WILLを言語化する」ことは、斉藤さんや渡辺くんのようなビジネスパーソンだけでなく、様々な世代や職業の人にとっても、非常に有用なテクニックです。誰だって未来は不安だし、モヤモヤすることはありますが、WILLという羅針盤を持つことで、**日々の小さな意思決定から、人生をかけた大きな決断まで、迷いなく下せる**ようになります。

たとえば、とある大企業の60歳の男性。これからのセカンドキャリアに悩んでいたそうです。長年、製薬会社で研究開発をされていたのですが、WILL発掘ワークの最終日に、小学校時代に絵が好きだった原体験を思い出しました。絵画教室に通うほど熱中していたのに、受験のため辞めることになり、そのまま現在に至るまで左脳寄りの論理的思考で仕事をし続けていた、と。この原体験を思い出した瞬間、目の前のモヤが晴れ、これまでの自分が感じていた違和感や、これからやりたいことが見えてきたそうです。

「大川さん、聞いてください！　思い出したんです！」と目を潤ませて語り出す彼を見て、感動が止まらない僕。彼は自分のＷＩＬＬを「未来を輝かせることに挑む未来スケッチャー」とし、すぐに絵画教室に通い始めました。すばらしいＷＩＬＬ‐ＡＣＴＩＯＮですよね。その後、会社の自己研鑽休職制度を利用し、デジタル技術を学びに2年間大学院にいくとの報告がありました。人生をかけた大きな決断ですが、「ＷＩＬＬというゆるぎないベースが見つかったので、その上にやるべきことの仮説を立て、自分の判断に賭けた。やりきれる自信も湧いてきたし、行動へと駆り立てる推進力になっている」とのこと。人生の先輩の決断に僕も驚きました。

一方、自分の未来を自分自身で考え始める学生時代。この期間に、自分が何が好きで、何に力を注いでいきたいのかというＷＩＬＬを見つけることは、未来の選択にも大きく影響をもたらすと考えています。社会人だけでなく、中高生や大学生にもそんなＷＩＬＬに出会う機会を提供したい。そんな思いから、学生向けにも「ＷＩＬＬ発掘ワークショップ」を実施することが増えてきました。大学生向けの「キャリア教育」や「アントレプレナー教育」、高校生向けの「探究学習」などに活用されています。探究学習とは、正解のない世の中を生きるために「自ら問いを立てて、それに対して答えていく学習」のことを指します。WILLの言語化は、まさに最初の「自分で問いを立てる」ことのカギだと感じます。


以前高校でWILL発掘の授業をしたときは、

「自分の好きに自信を持っていいと気づけた」

「他の人のWILLを聞いて『自分よりあの子のWILLのほうがかっこいい！』と比較してしまうこともあったけれど『自分のWILLも価値があるんだ』と思えるようになった」

などの感想を聞きました。この子たちが社会に出たら、未来は変わるのではないかと感じました。

その中でも特に感動したのは、

「進路選択も、迷ったときにはWILLに立ち返って考えたいと思う」

の言葉でした。これは、僕たち大人にもそのまま当てはまる言葉だと思います。迷ったときは、ＷＩＬＬに立ち返る。自分の内側から出てきた言葉だからこそ、立ち戻る場所になるのです。

今日で終わっちゃうの、寂しいです。

でも、終わりというか、始まりという感じもするよね。

今、渡辺くんが言ったように、ＷＩＬＬ発掘はスタートとも言えるし、何度でも戻ってくる場所とも言えるよね。

戻ってくる場所かぁ。なんか、いいですね。今回、大川さんと斉藤さんといろんな話ができて、すごく楽しかったです。

これからも、ＷＩＬＬを語り合える、聴き合える「ＷＩＬＬ友」を増やしていくといいかも。普段なかなかＷＩＬＬを語る機会ってないので、安心して話せる仲間が欲しいよね。僕もまた、渡辺くんや斉藤さんと語り合いたいな！

ぜひ！

また、しばらく経ったら、近況報告させてくださいね！

2人のＷＩＬＬ発掘の旅はここでひと区切りとなりました。

さて、みなさんのＷＩＬＬはどんなものになったでしょうか？　そして、明日からどんなアクションをしたくなったでしょうか？

この本を開いたときのあなたと、今のあなたは同じあなたです。でも、ＷＩＬＬを言語化できたあなたの明日は、きっと変わっていくものと信じています。これからのみなさんの人生が、ワクワクなものになりますように。

（第3部終わり）

おわりに

みなさん、最後まで読んでくださって、ありがとうございます。2人の物語はいかがだったでしょうか。今回モデルになってくれた2人の話には後日談があります。

渡辺くんは、まさに「仲間とおいしい酒を飲む」をコンセプトに掲げた会社に転職したあと、フリーランスになりました。この書籍の原稿の確認のために連絡をとったら、海外にいて、移住先の候補地を探しているところだと言います。「WILLの言語化が、人生のターニングポイントになりました」と言われ、胸が熱くなりました。斉藤さんも、このワークのあと、アートのワークショップに取り込んでいるといいます。自分と向き合うことは、大変な作業です。でも、この本をきっかけに、自分と向き合い、実際に手を動かし、誰かとWILLについて語り合ってみようかなと思ってくれる人が1人でも増えると、とても嬉しく思います。

今でこそ、「WILL発掘ワークショップ」を勧める人となっておりますが、以前は私自身が、「何をしたいのか？」という問いに対して、自分の想いを語ることができませんでした。いや、それっぽく語ることはできたけれども、いつも口から出てくる言葉に違和感がありました。カッコつけてばっかりで、別に本当にやりたいわけでもないから、結局モヤモヤして動けない状態に嫌気がさしていたのです。

流れが変わったのは、前職の富士ゼロックスで有志団体「わるだ組」を立ち上げた頃のことです。ここでは、部署も会社も超えた人たちが「楽しい」を共有する人のつながりをつくり、関係性の質を向上させる活動をしました。

ちょっとした勢いとわるノリではあるのですが、間違いなく「自らの意志で動いた」ことで、全てが動き出したように思います。

最初のＷＩＬＬは、「わるだくみしたい」だけだったのに、新しい人に出会い、価値観に出会い、機会に出会うことで、新たなＷＩＬＬが芽生え、行動が変化し加速していった感覚が今でも忘れられません。その後、同じような気持ちで有志団体をつくっていた、いろんな企業の代表たちと合流し、50社以上の有志が集まる組織、ＯＮＥ ＪＡＰＡＮの共同発起人になりました。

私だけでなく、ＯＮＥ　ＪＡＰＡＮの仲間、レンタル移籍者、ベンチャー経営者たちも、こぞってＷＩＬＬの大切さを語ります。共通点は、「未知を楽しむ」人たちでしょうか。彼らは、正解の地図がないこの時代でも、羅針盤を片手に、先が読めない仕事も人生も楽しんでいます。人が生きたことで生まれる轍《わだち》を「キャリア」と呼ぶならば、ＷＩＬＬは、そのキャリアの羅針盤になっているのです。「君たちはどう生きるか」がはっきりしている人は、魅力的で力強い！　下剋上も明治維新も、フランス革命だって、個人のＷＩＬＬから始まっています。「わたし」にも時代を変えるチャンスがあるのです。

個人のＷＩＬＬだけではありません。最近は、経営方針や戦略の中に、ＷＩＬＬという表現を使う企業が多くなりました。この本を企画しはじめた3年前と比べても、ＷＩＬＬという言葉を見聞きする機会が明確に増えました。

たとえばリクルートは「Ｗｉｌｌと機会の出会い」が新たな価値を創造すると表現していますし、デンソーも「個人と組織のＷｉｌｌをつなぐ、本気の人事改革」に取り組んでいます。会社のＷＩＬＬと個人のＷＩＬＬの重なりをつくろうとしているのです。一昔前は「ビジョンの浸透」を叫び、みんなが同じ方向を向くことを是としていましたが、今は経営者が個人のＷＩＬＬにも期待をしているのです。ということは、ＷＩＬＬがあれば、個人だけでなく、組織の力をも利用して、よりレバレッジの効いた挑戦も多様な選択も可能になるということですね。

個人にとっても、組織にとっても、ＷＩＬＬが起点となる時代になりました。「私は何がしたいのか？」という問いを続け、動き続けることで、私たちは自分の物語を生きることができるようになります。それがWell-beingな生き方のひとつなんだろうなと思っています。ＷＩＬＬに向き合い、ＷＩＬＬを酌み交わす、そんな「ＷＩＬＬ活」が当たり前になるといいな。みなさんのＷＩＬＬもぜひ聞かせてください！

ＷＩＬＬを通じて、いつかお会いできる日を楽しみにしております！

大川陽介

参考文献

〈キャリア・働き方〉

『夢をかなえるゾウ0（ゼロ）』（文響社／水野敬也）
『ニュータイプの時代　新時代を生き抜く24の思考・行動様式』（ダイヤモンド社／山口周）
『嫌われる勇気　自己啓発の源流「アドラー」の教え』（ダイヤモンド社／岸見一郎、古賀史健）
『アドラー心理学×幸福学でつかむ！　幸せに生きる方法』（ワニブックス／平本あきお、前野隆司）
『幸せのメカニズム　実践・幸福学入門』（講談社／前野隆司）
『図解「いいキャリア」の育て方』（ディスカヴァー・トゥエンティワン／青田努）
『抜擢される人の人脈力 早回しで成長する人のセオリー』（東洋経済新報社／岡島悦子）
『CROSS-BORDER キャリアも働き方も「跳び越えれば」うまくいく　越境思考』（ディスカヴァー・トゥエンティワン／井上功）
『今すぐ転職を考えていない人のためのキャリア戦略』（ディスカヴァー・トゥエンティワン／田中研之輔）
『働き方の哲学』（ディスカヴァー・トゥエンティワン／村山昇）
『私の個人主義』（講談社／夏目漱石）
『ミッション　元スターバックスCEOが教える働く理由』（アスコム／岩田松雄）
『パーパス「意義化」する経済とその先』（NewsPicksパブリッシング／岩嵜博論、佐々木康裕）
『PURPOSE パーパス 会社は何のために存在するのか あなたはなぜそこで働くのか』（ダイヤモンド社／DIAMONDハーバード・ビジネス・レビュー編集部）
『パーパス・ドリブンな組織のつくり方』（ディスカヴァー・トゥエンティワン／永井恒男、後藤照典）
『原体験ドリブン　人生の答えの9割がここにある！』（光文社／チカイケ秀夫）
『世界のトップリーダーに学ぶ　一流の「偏愛」力』（ディスカヴァー・トゥエンティワン／谷本有香）
『偏愛力　人付き合いがうまくいくコミュニケーションの基本50』（大和書房／齋藤孝）
『このまま今の会社にいていいのか？と一度でも思ったら読む　転職の思考法』（ダイヤモンド社／北野唯我）
『キャリアづくりの教科書』（NewsPicksパブリッシング／徳谷智史）
『世界一やさしい「やりたいこと」の見つけ方　人生のモヤモヤから解放される自己理解メソッド』（KADOKAWA／八木仁平）
『図解　モチベーション大百科』（サンクチュアリ出版／池田貴将）
『モチベーション3.0　持続する「やる気！」をいかに引き出すか』（講談社／ダニエル・ピンク、大前研一）

〈新規事業・企業変革〉

『仕事はもっと楽しくできる』（プレジデント社／ONE JAPAN）
『なぜウチの会社は変われないんだ！と悩んだら読む 大企業ハック大全』（ダイヤモンド社／ONE JAPAN）
『Deep Skill　ディープ・スキル　人と組織を巧みに動かす深くてさりげない「21の技術」』（ダイヤモンド社／石川明）
『新時代を生き抜く越境思考～組織、肩書、場所、時間から自由になって成長する』（技術評論社／沢渡あまね）

『越境学習入門 組織を強くする「冒険人材」の育て方』（日本能率協会マネジメントセンター／石山恒貴、伊達洋駆）
『リーンマネジメントの教科書 あなたのチームがスタートアップのように生まれ変わる』（日経BP／細野真悟）
『だから僕たちは、組織を変えていける やる気に満ちた「やさしいチーム」のつくりかた』（クロスメディア・パブリッシング／斉藤徹）
『一生食える普遍的スキルが身につく 新規事業の実践論』（NewsPicksパブリッシング／麻生要一）
『「事業を創る人」の大研究』（クロスメディア・パブリッシング／田中聡、中原淳）
『たった1人からはじめるイノベーション入門』（日本実業出版社／竹林一）
『新しい一歩を踏み出そう！』（ダイヤモンド社／守屋実）

〈人材育成・コーチング〉……………………

『企業変革を牽引する新世代リーダー ダイナモ人を呼び起こせ』（日経BP／知識創造プリンシプルコンソーシアム）
『問いかけの作法』（ディスカヴァー・トゥエンティワン／安斎勇樹）
『問いのデザイン：創造的対話のファシリテーション』（学芸出版社／安斎勇樹、塩瀬隆之）
『「問う力」が最強の思考ツールである』（フォレスト出版／井澤友郭、吉岡太郎）
『「良い質問」をする技術』（ダイヤモンド社／粟津恭一郎）
『リフレクション（REFLECTION）自分とチームの成長を加速させる内省の技術』（ディスカヴァー・トゥエンティワン／熊平美香）
『すべては1人から始まる――ビッグアイデアに向かって人と組織が動き出す「ソース原理」の力』（英治出版／トム・ニクソン、山田裕嗣、青野英明、嘉村賢州）
『心理学的経営――個をあるがままに生かす』（PHP研究所／大沢武志）
『自分の頭で考えて動く部下の育て方 上司1年生の教科書』（文響社／篠原信）
『図解 人材マネジメント入門』（ディスカヴァー・トゥエンティワン／坪谷邦生）
『図解 目標管理入門』（ディスカヴァー・トゥエンティワン／坪谷邦生）
『プロティアン教育：三田国際学園のキャリアエスノグラフィー』（株式会社キャリアナレッジ／田中研之輔、内田雅和）
『はじめてのリーダーのための 実践！フィードバック耳の痛いことを伝えて部下と職場を立て直す「全技術」』（PHP研究所／中原淳）
『成人発達理論による能力の成長 ダイナミックスキル理論の実践的活用法』（日本能率協会マネジメントセンター／加藤洋平）
『なぜ人と組織は変われないのか――ハーバード流 自己変革の理論と実践』（英治出版／ロバート・キーガン、リサ・ラスコウ・レイヒー、池村千秋）
『なぜ部下とうまくいかないのか――「自他変革」の発達心理学 組織も人も変わることができる！』（日本能率協会マネジメントセンター／加藤洋平）
『ハーバード・ビジネス・レビュー オーセンティック・リーダーシップ』（ダイヤモンド社／ハーバード・ビジネス・レビュー編集部、DIAMONDハーバード・ビジネス・レビュー編集部）
『人が成長するとは、どういうことか 発達志向型能力開発のためのインテグラル・アプローチ』（日本能率協会マネジメントセンター／鈴木規夫）
『ルフィと白ひげ 信頼される人の条件――「ONE PIECE」に学ぶ、希望を運ぶリーダーシップ』（アスコム／安田雪）
『ルフィの仲間力『ONE PIECE』流、周りの人を味方に変える法』（PHP文庫／安田雪）
『他者と働く「わかりあえなさ」から始める組織論』（NewsPicksパブリッシン

グ／宇田川元一）
『こうやって、言葉が組織を変えていく。全員自分から動き出す「すごい理念」の作り方』（ダイヤモンド社／生岡直人）
『コーチング・バイブル：人の潜在力を引き出す協働的コミュニケーション』（東洋経済新報社／ヘンリーキムジーハウス、キャレンキムジーハウス、フィルサンダール、ローラウィットワース、CTIージャパン）
『一瞬で自分を変えるセルフコーチング』（三笠書房／林英利）
『コーチングよりも大切な　カウンセリングの技術』（日本経済新聞出版／小倉広）
『最高のコーチは、教えない。』（ディスカヴァー・トゥエンティワン／吉井理人）
『新 コーチングが人を活かす』（ディスカヴァー・トゥエンティワン／鈴木義幸）
『insight　いまの自分を正しく知り、仕事と人生を劇的に変える自己認識の力』（英治出版／ターシャ・ユーリック、中竹竜二、樋口武志）

〈言語化、思考法〉

『笑える革命　笑えない「社会課題」の見え方が、ぐるりと変わるプロジェクト全解説』（光文社／小国士朗）
『直感と論理をつなぐ思考法　VISION DRIVEN』（ダイヤモンド社／佐宗邦威）
『理念経営2.0　会社の「理想と戦略」をつなぐ7つのステップ』（ダイヤモンド社／佐宗邦威）
『逆説のスタートアップ思考』（中央公論新社／馬田隆明）
『きみの人生に作戦名を。』（日本経済新聞出版／梅田悟司）
『「言葉にできる」は武器になる。』（日経BP／梅田悟司）
『気持ちを「言葉にできる」魔法のノート』（日本経済新聞出版／梅田悟司）
『コンセプト・センス 正解のない時代の答えのつくりかた』（WAVE出版／吉田将英）
『売れる！ 広がる!! 口コミされる!!! ネーミングの極意』（明日香出版社／弓削徹）
『言語化力　言葉にできれば人生は変わる』（SBクリエイティブ／三浦崇宏）
『コンセプチュアル思考』（ディスカヴァー・トゥエンティワン／村山昇）
『才能をひらく編集工学　世界の見方を変える10の思考法』（ディスカヴァー・トゥエンティワン／安藤昭子）
『1分で話せ 世界のトップが絶賛した大事なことだけシンプルに伝える技術』（SBクリエイティブ／伊藤羊一）
『進化思考［増補改訂版］』（海士の風／太刀川英輔）
『自分の〈ことば〉をつくる　あなたにしか語れないことを表現する技術』（ディスカヴァー・トゥエンティワン／細川英雄）
『たった1分で仕事も人生も変える自己紹介2.0』（KADOKAWA／横石崇）
『具体と抽象　世界が変わって見える知性のしくみ』（dZERO／細谷功）
『メモの魔力 -The Magic of Memos-』（幻冬舎／前田裕二）
『それ、勝手な決めつけかもよ？』（ディスカヴァー・トゥエンティワン／阿部広太郎）
『「自分だけの答え」が見つかる　13歳からのアート思考』（ダイヤモンド社／末永幸歩）
『伝え方が9割』（ダイヤモンド社／佐々木圭一）
『ハウ・トゥ　アート・シンキング　閉塞感を打ち破る自分起点の思考法』（実業之日本社／若宮和男）
『解像度を上げる　曖昧な思考を明晰にする「深さ・広さ・構造・時間」の4視点と行動法』（英治出版／馬田隆明）

別冊

WILL発掘ワークシート

WILL発掘
フレームワークの特徴

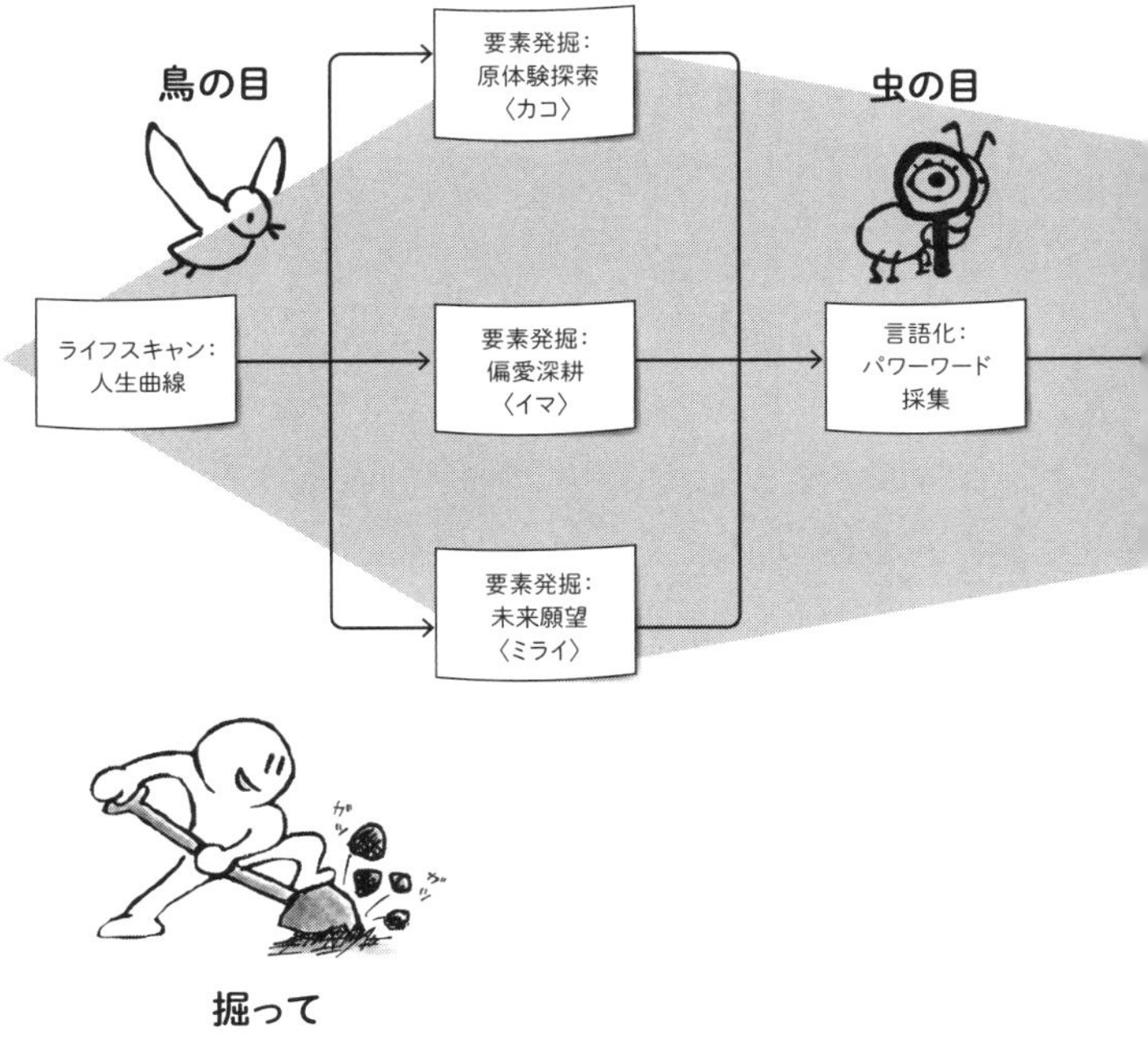

鳥の目
虫の目
要素発掘：
原体験探索
〈カコ〉
ライフスキャン：
人生曲線
要素発掘：
偏愛深耕
〈イマ〉
言語化：
パワーワード
採集
要素発掘：
未来願望
〈ミライ〉
掘って

自身および他者との対話を通し、「分解」と「再構築」のプロセスで自己理解を深め、WILLを言語化し、行動へとつなげるフレームワーク

視点

鳥の目：俯瞰して見て
虫の目：複眼的に見て
魚の目：潮流を見る

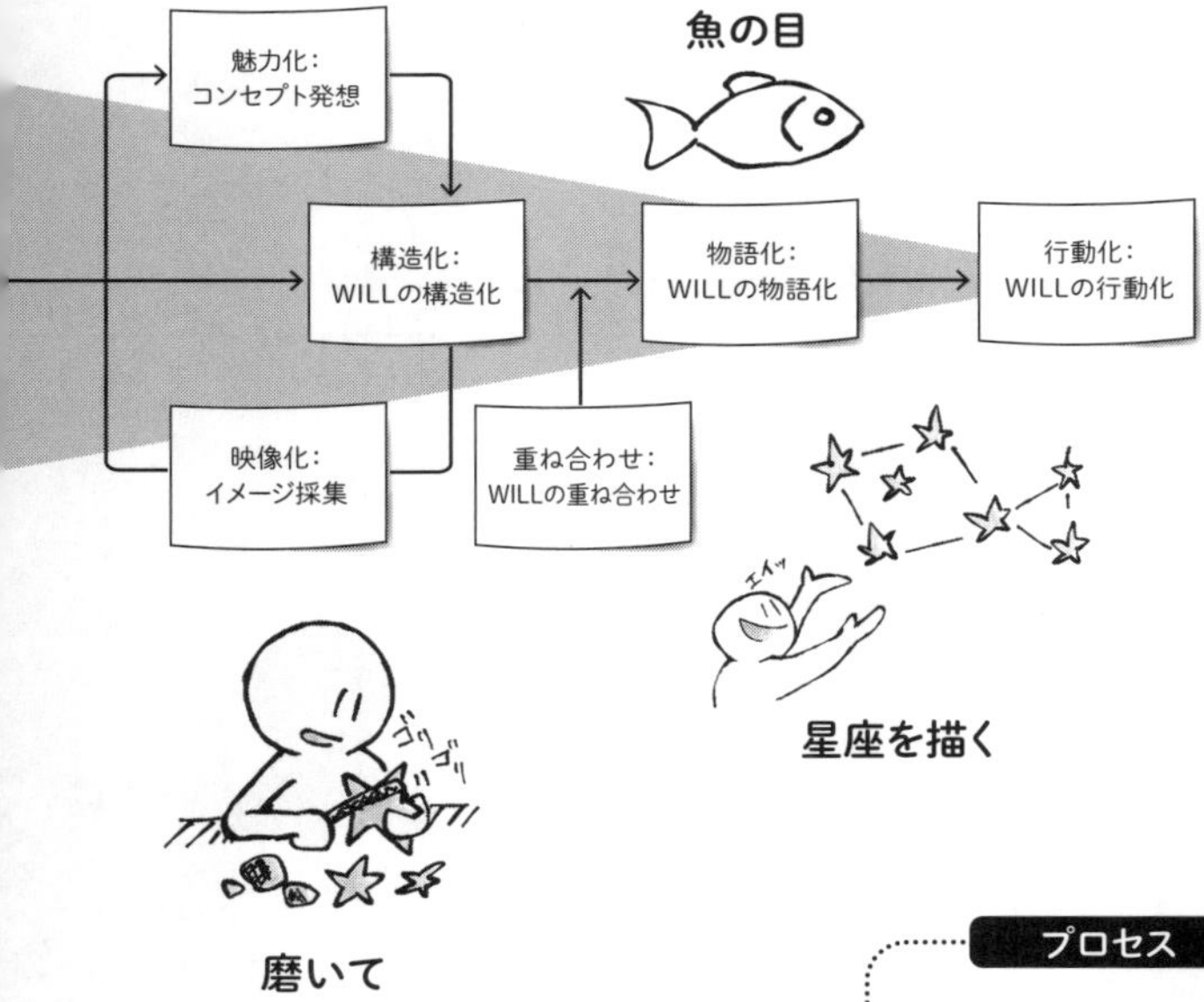
魚の目
魅力化：
コンセプト発想
構造化：
WILLの構造化
物語化：
WILLの物語化
行動化：
WILLの行動化
映像化：
イメージ採集
重ね合わせ：
WILLの重ね合わせ
エイッ
星座を描く
磨いて

プロセス

分解（発散）と再構築（収束）
掘って、磨いて、
星座を描く

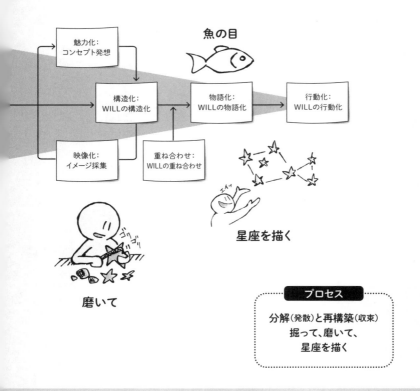

ライフスキャン：人生曲線

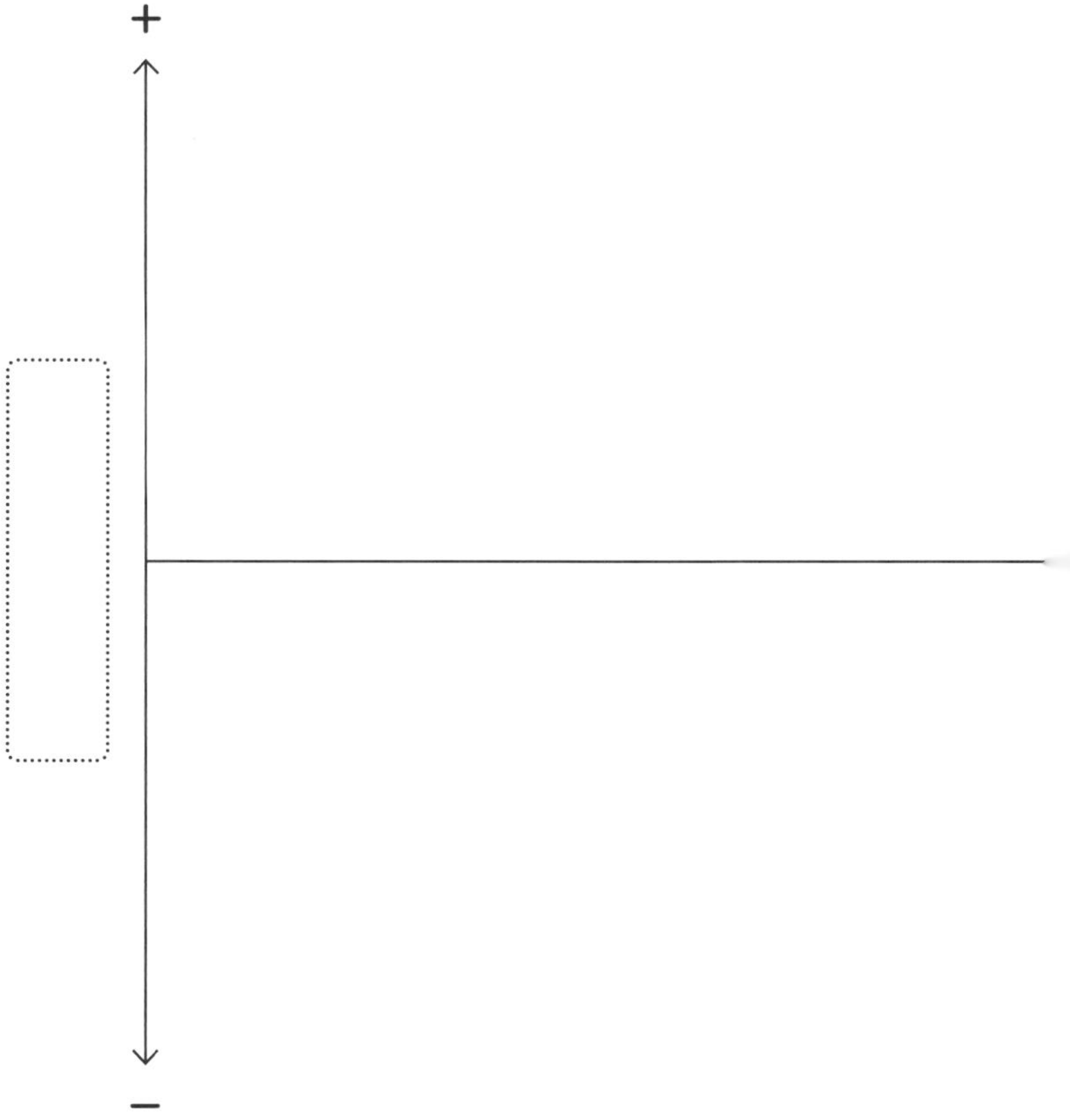

書籍 44 ページ

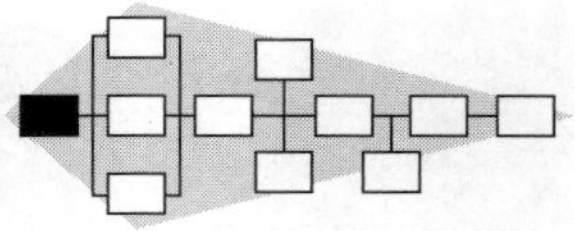

自分の人生を振り返り、曲線で表現してください。縦軸は自分で設定してください。何をもって、自分の人生を評価しているのでしょう？　幼少期から描きはじめ、特に自分が大きく変化したきっかけや出来事を洗い出してみましょう。

要素発掘：原体験探索<カコ>

なんで？

それで？

ほんとう？

子ども時代に
夢中になったこと

心に沁みた
言葉

共通点／気づき

書籍 80 ページ

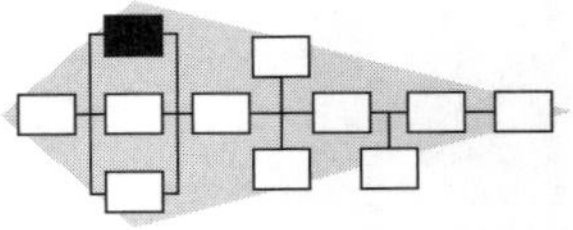

人生曲線を見ながら、緑色の各付箋の問いについて、左上から時計回りに書き出していきましょう。それぞれについても、「なんで？それで？ほんとう？」とさらに思考を深め、分解／深掘りしてください。

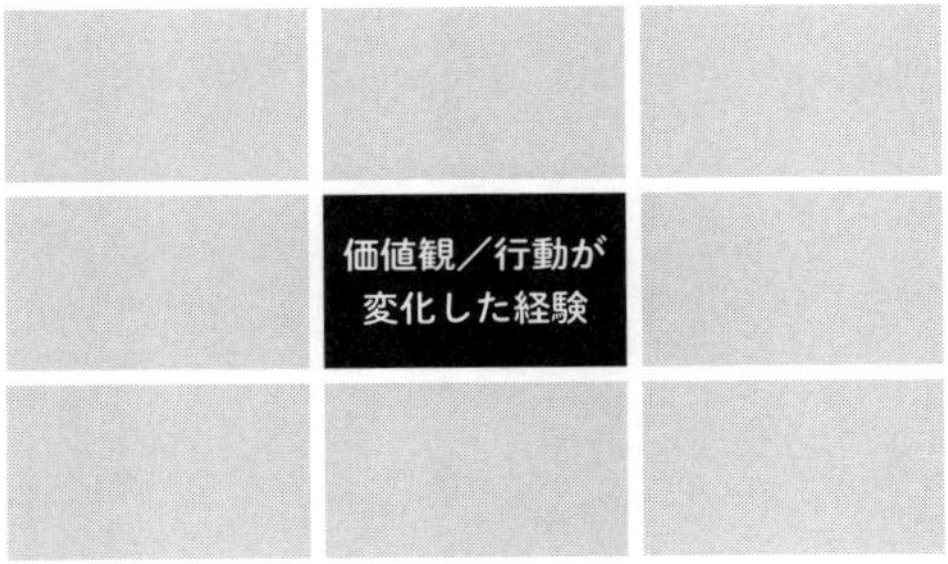

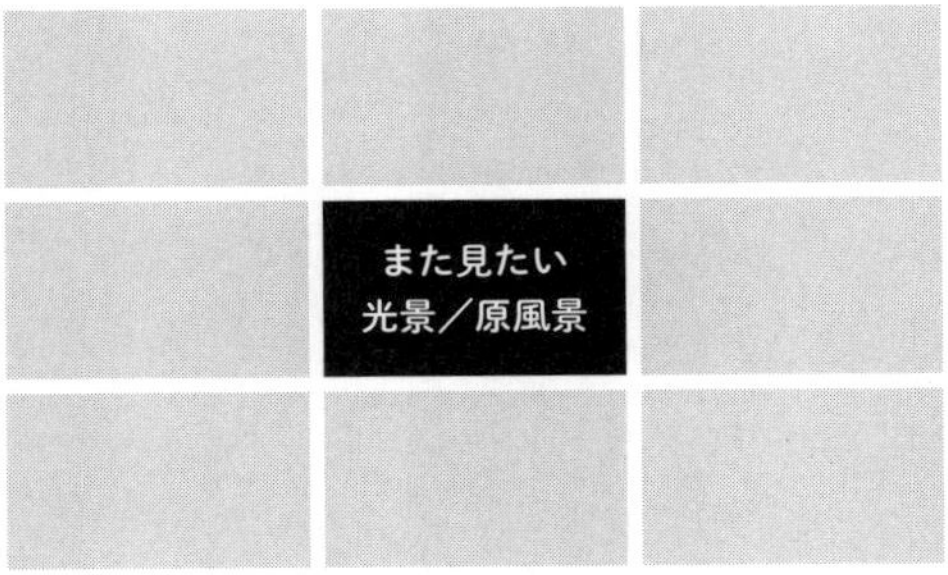

要素発掘：偏愛深耕<イマ>

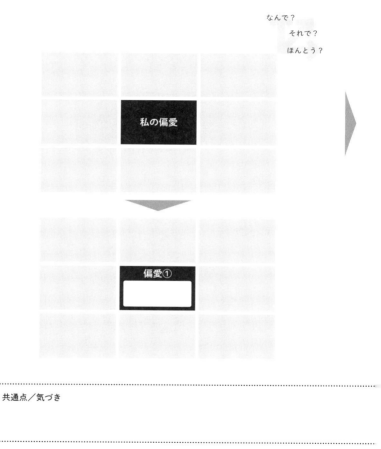

なんで？

それで？

ほんとう？

私の偏愛

偏愛①

共通点／気づき

書籍 95 ページ

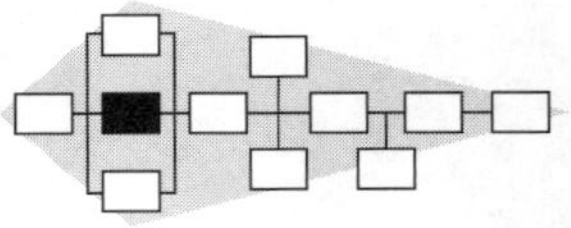

イマの自分が愛してやまない「偏った愛」をできるだけマニアックに書き出してください。その中から２つの偏愛について、理由を深掘ってみましょう。
また、偏愛からくる「義憤」や「問題意識」についても書き出してみましょう。

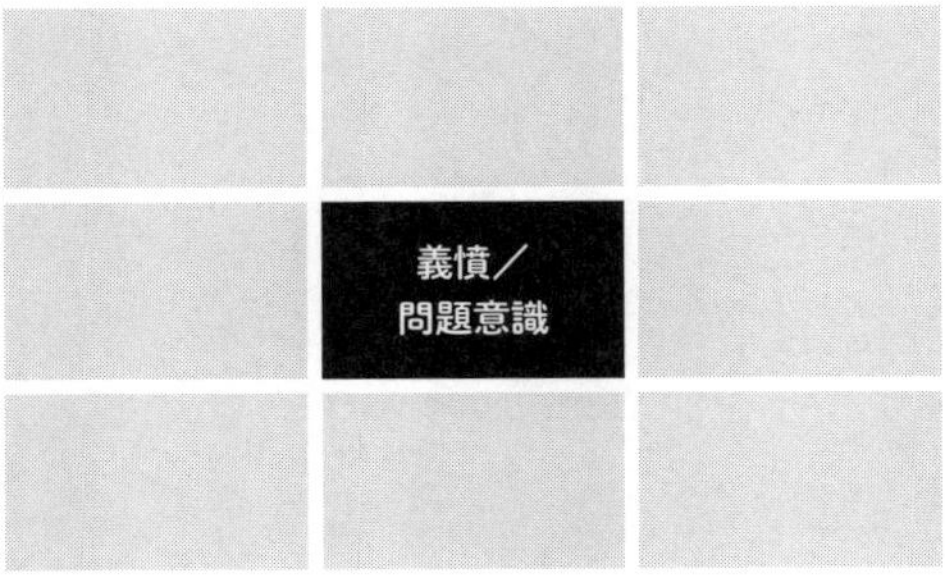

要素発掘：未来願望＜ミライ＞

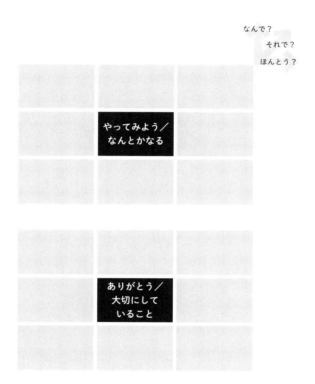

なんで？
それで？
ほんとう？

やってみよう／
なんとかなる

ありがとう／
大切にして
いること

共通点／気づき

書籍 119 ページ

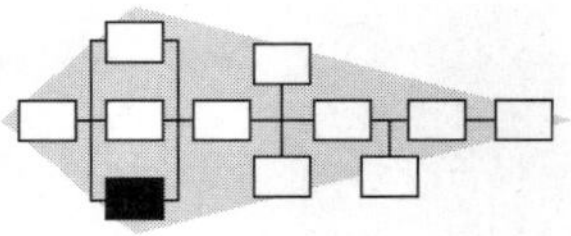

自らが未来に望む願望を言語化し、つくりたい未来の素材を発掘してみましょう。
また、ミライへ生かしたい「才能」（意識せずに楽にできること）とは何か、カコ／イマも参考にして考えてみましょう。

らしさ／ぽさ
こう在りたい

生かしたい
才能

言語化：パワーワード採集

カコ・イマ・ミライから自分を構成する要素を集めて、寄せて、つなぐ

※パワーワードとは、
①自らの行動を起こさせる源（source）である
②聞き手を惹きつける力がある

要素発掘されたパワーワードをコピペで集約し、下図の三角形の近くの寄せてください。線でつなぎながら、共通点や因果関係を探索してみましょう。「言い換え」や「メタファー」を探しながら、「自分らしい言葉」をさらに紡ぎ出してみましょう。

書籍 134 ページ

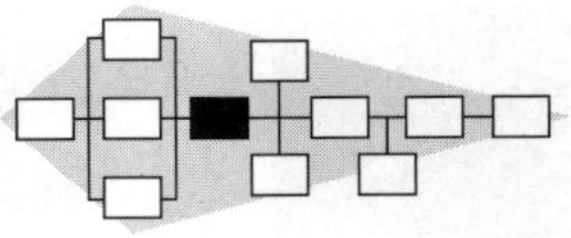

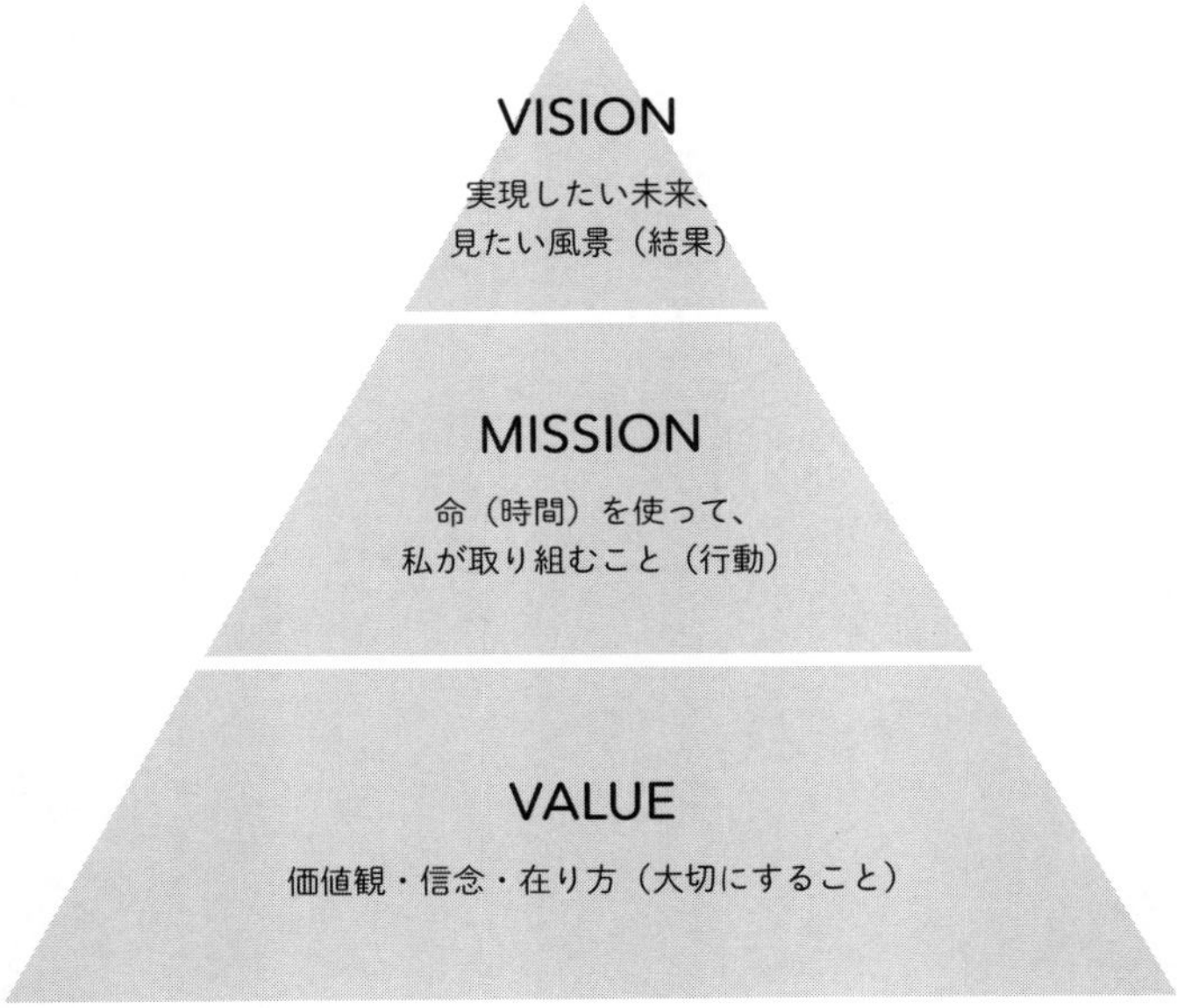
VISION
実現したい未来、
見たい風景（結果）
MISSION
命（時間）を使って、
私が取り組むこと（行動）
VALUE
価値観・信念・在り方（大切にすること）

魅力化：コンセプト発想

【進化】〇〇から●●へ

【逆説】〇〇なのに●●

	キーワード	

【たとえ】〇〇のような●●

【言い換え】〇〇でなく●●

真ん中に「ざらつかせたいキーワード」を置き、その特徴や連想される言葉に分解してください。それらを用いて、４つのコンセプトフォーマットをヒントに「魅力的なコンセプト」へ昇華させてみましょう。

書籍 152 ページ

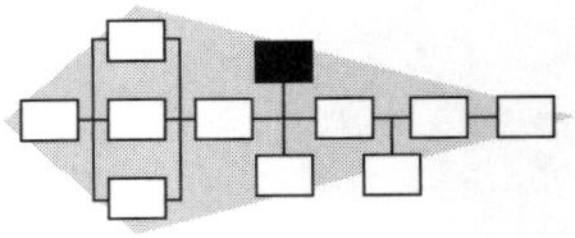

【進化】○○から●●へ

【逆説】○○なのに●●

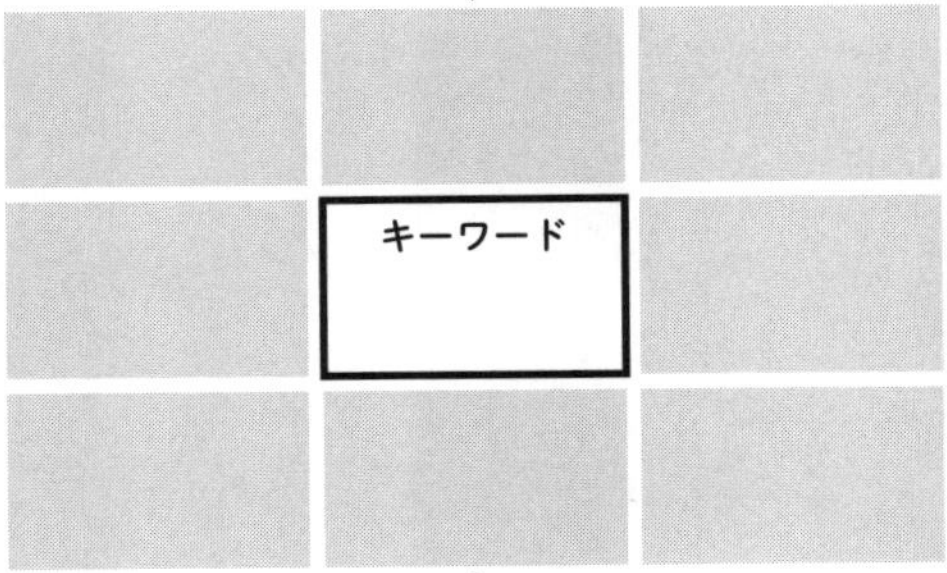

【たとえ】○○のような●●

【言い換え】○○でなく●●

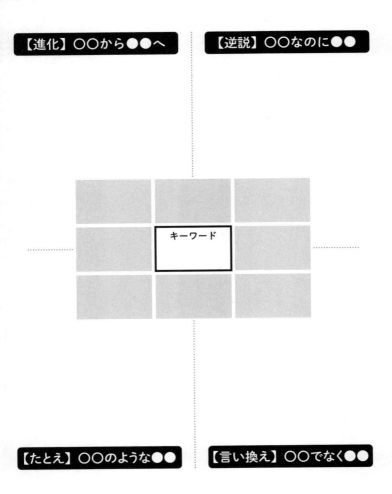

映像化：イメージ採集

パワーワードから想起される脳内イメージに近い映像を、手書きで描いてみたり、WEB 等から画像を集めてきましょう。
画像に注釈メモを入れながら、VISION や MISSION を示す脳内映像の解像度を高めましょう。

書籍 157 ページ

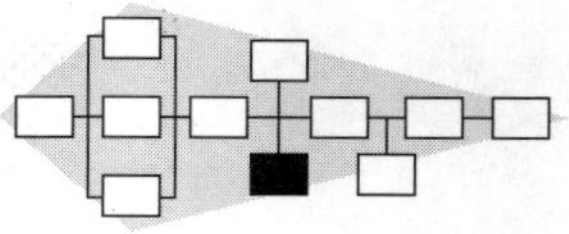

言語だけでなく、ビジュアル的にも思考してみる

構造化：WILLの構造化

WILL

VISION：実現したい未来、見たい風景（結果）

▲

MISSION：命（時間）をかけて、私が取り組むこと（行動）

▲

VALUE：価値観・信念・在り方（大切にすること）

言葉に込めた／感じる【想い】は？

✖

言葉に込めた／感じる【らしさ】は？

「強い糸」でつながった「言葉」を組み合わせ、VISION、MISSION、VALUEの定義に合わせて短文化し、成型してきましょう。【起源】【一貫性】【想い】【らしさ】【具体性】の観点から検証し、腹落ちするまで構造化を進めましょう。

書籍165ページ

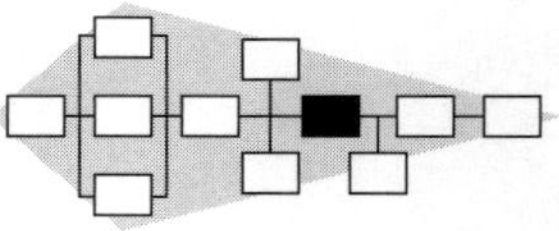

【起源】WILLに影響を与えているエピソードは？（原体験、偏愛、願望etc）

【一貫性】その行動は、どう結果に結びつくのか？

【一貫性】その行動は、どんな価値観に基づいているのか？

【具体性】このWILLで、これまでやってきたこと、いまやっていること、
これからやることを説明できるか？　具体的な目標がイメージできるか？

できるだけ解像度を高く維持したまま抽象化し、納得いくロジックを組み上げる

重ね合わせ：WILLの重ね合わせ

私の WILL

VISION：実現したい未来、見たい風景（結果）

▲

MISSION：命（時間）をかけて、私が取り組むこと（行動）

▲

VALUE：価値観・信念・在り方（大切にすること）

重なりや違いは？　私がイマ、ココにいる理由、ココでやりたい、成し遂げたいことは？

書籍 172 ページ

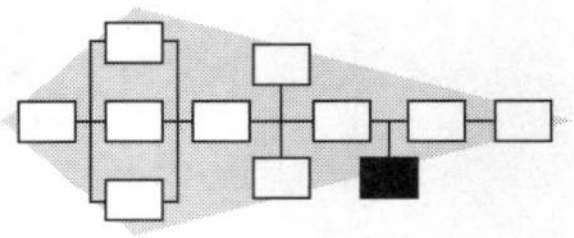

個人の WILL と組織／会社の WILL を比較し、重なり（納得性）と違い（多様性）を観察してみましょう。なぜ、イマ、ココの組織／会社にいるのかを言語化し、意味付けしてみましょう。

所属組織／会社の WILL

VISION：実現したい未来、見たい風景（結果）

▲

MISSION：命（時間）をかけて、私が取り組むこと（行動）

▲

VALUE：価値観・信念・在り方（大切にすること）

私の WILL と組織の WILL の重なりや違いから、イマ、ココにいる理由を言語化する

物語化：WILLの物語化

初版

ショートストーリー：自己紹介ピッチ

ミドル〜ロングストーリー：自分語り

書籍195ページ

「わたしは、仕事や人生において何をしたいのか？」という問いに答えるストーリーを書き上げてみましょう。人に何度も何度も語ることで、磨き込み、自分のオリジナルストーリーに仕上げていきましょう。

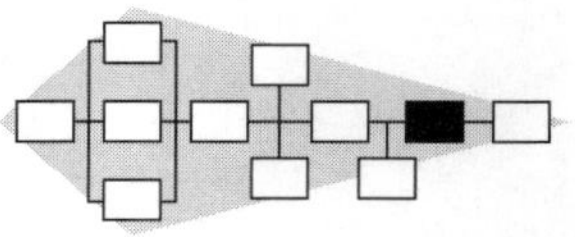

UPDATE版

ショートストーリー：自己紹介ピッチ

ミドル〜ロングストーリー：自分語り

行動化：WILLの行動化

初版

私の WILL は、

です。

私を一言でいうと、

です。

カコやってきたこと	イマやっていること	ミライにやりたいこと

▼

ACTION 宣言（いつ、なにを、だれと、どれくらい）

生煮えでも、必ず「WILL β版」を言語化しきってください。このWILLに従って、カコ／イマ／ミライのACTIONを検証してみましょう。その中から、イマすぐに着手／加速できるACTIONを見つけ出し、① WILLと② ACTIONを宣言し、行動を開始しましょう！

書籍204ページ

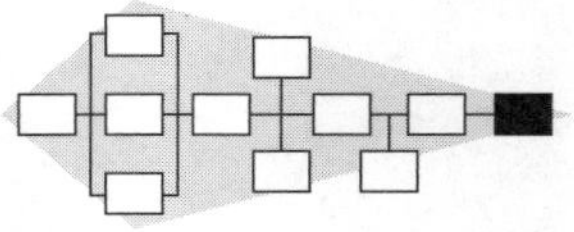

UPDATE版

私のWILLは、

です。

私を一言でいうと、

です。

カコやってきたこと	イマやっていること	ミライにやりたいこと

▼

ACTION宣言（いつ、なにを、だれと、どれくらい）

トレーニング：分解／深掘り

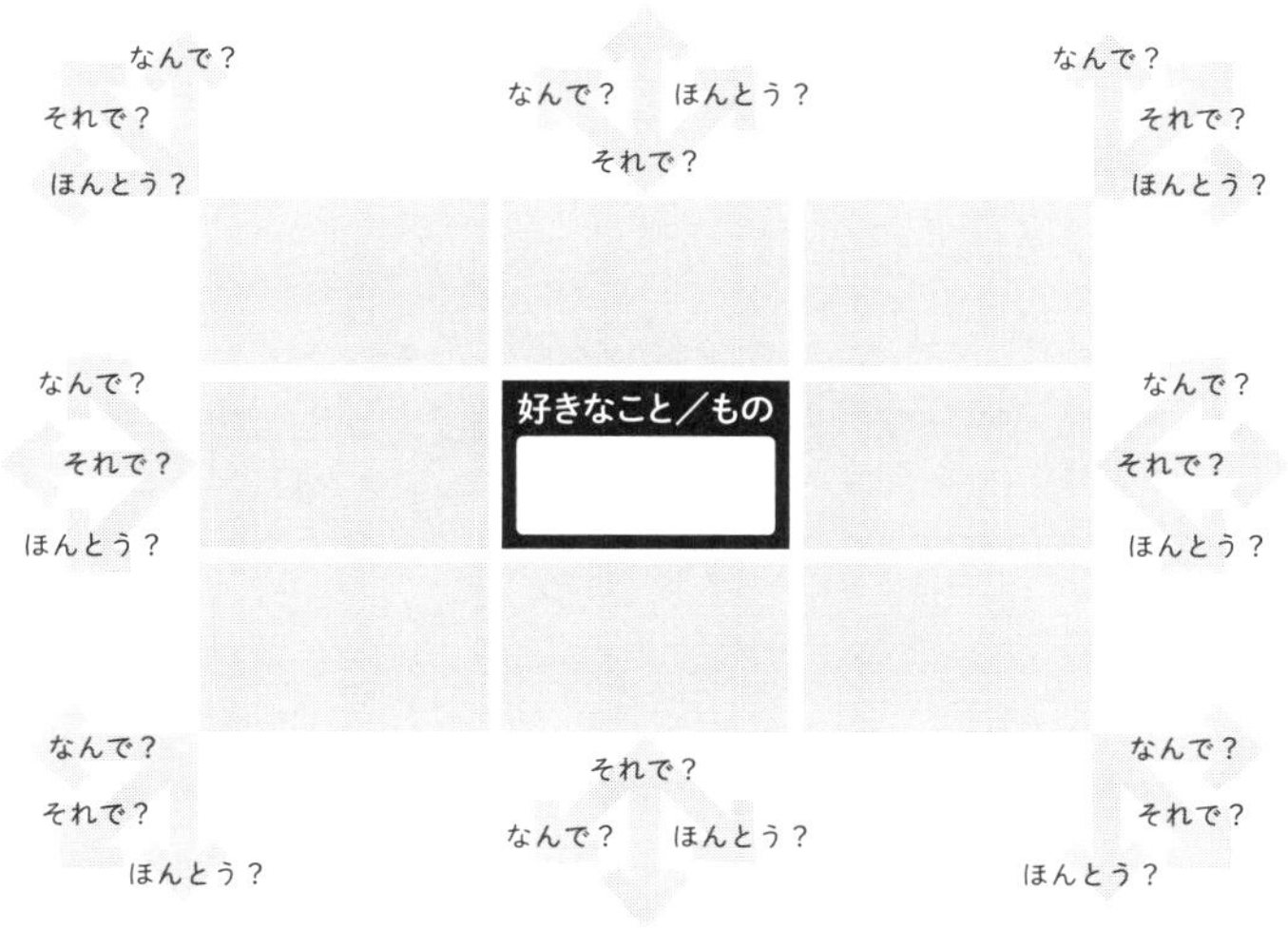
なんで？
それで？
ほんとう？
なんで？
ほんとう？
それで？
なんで？
それで？
ほんとう？
なんで？
それで？
ほんとう？
好きなこと／もの
なんで？
それで？
ほんとう？
なんで？
それで？
ほんとう？
それで？
なんで？
ほんとう？
なんで？
それで？
ほんとう？

真ん中に「好きなもの、経験、事象、思想、感情、気になる言葉」などを置き、その周りに、「構成要素、気になる理由、言い換え、連想した言葉」などを書き出してみましょう（左上から時計回り）。さらに、「問いの基本三種（なんで？それで？ほんとう？）」を使って、思考を深めてみましょう。

書籍 102 ページ

補助ワーク

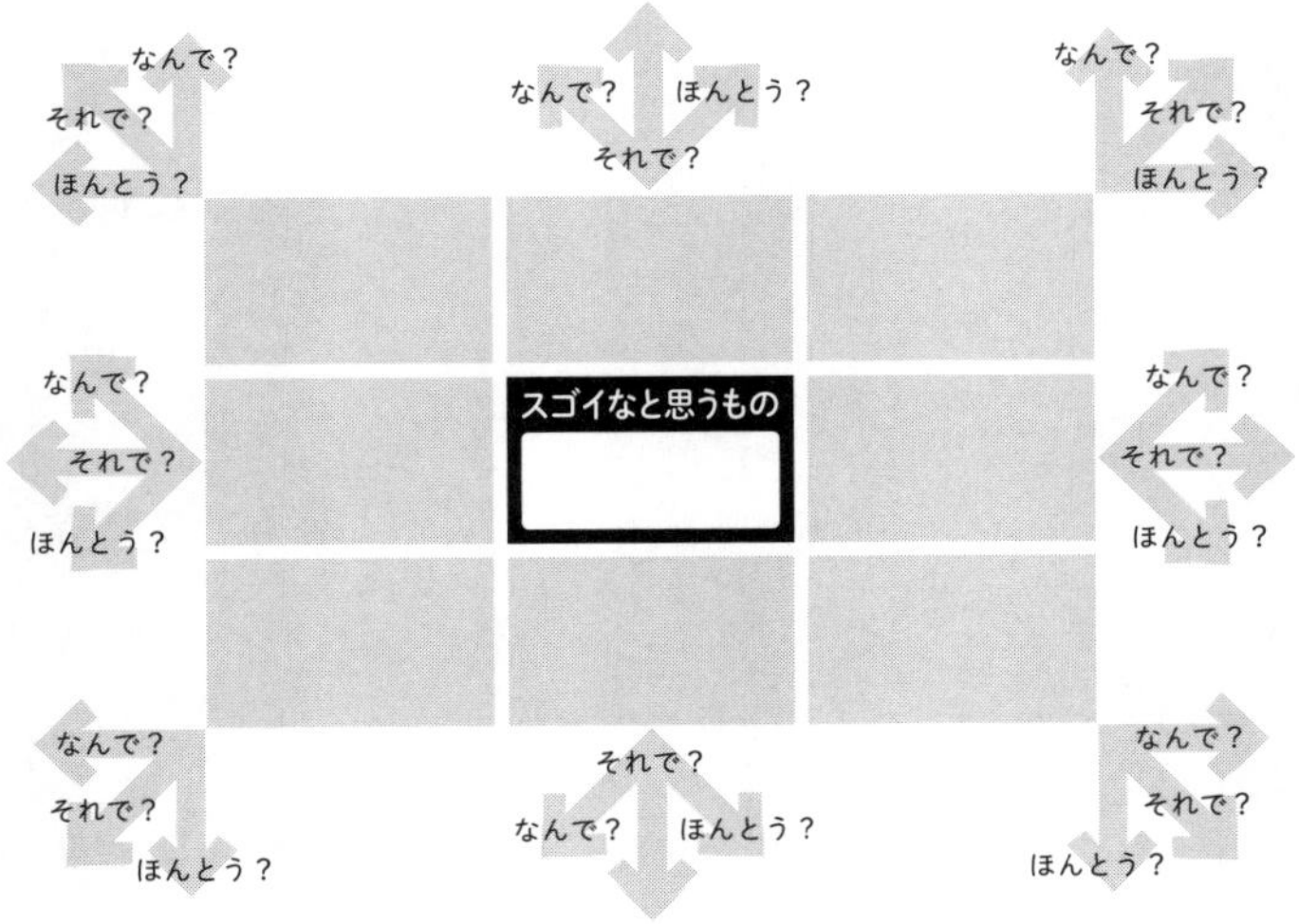

「分解／深掘り」ができるようになると、本質や共通点の抽出／転用、具体⇆抽象の往還がやりやすくなる

トレーニング：抽象化

「A」		「B」	
	とは		ある。なぜなら、
	とは		ある。なぜなら、
	とは		ある。なぜなら、
	とは		ある。なぜなら、
	とは		ある。なぜなら、

書籍 115 ページ

補助ワーク

一見関係なさそうな事例を抽象化することによって共通点を見つけてみましょう。

「A とは B である」というお題に対して、「B」から抽象的な要素を抜き出して「A」との共通点を説明してみてください。

❶
❷
❸

❶
❷
❸

❶
❷
❸

❶
❷
❸

❶
❷
❸

「抽象化力」を鍛えることで、異なる事象に通底する「軸」を言語化することができるようになる

memo

別冊

WILL発掘ワークシート

『WILL 「キャリアの羅針盤」の見つけ方』（ディスカヴァー・トゥエンティワン）

WILL 「キャリアの羅針盤」の見つけ方

発行日　2024年3月22日　第1刷
　　　　2024年3月27日　第2刷

Author　大川陽介
Writer　佐藤友美
Illustrator　くにともゆかり
Book Designer(カバー)　西垂水敦(krran)
Book Designer(本文)　山之口正和、齋藤友貴(OKIKATA)

Publication　株式会社ディスカヴァー・トゥエンティワン
〒102-0093　東京都千代田区平河町2-16-1 平河町森タワー11F
TEL　03-3237-8321(代表) 03-3237-8345(営業)
FAX　03-3237-8323
https://d21.co.jp/

Publisher　谷口奈緒美
Editor　牧野類　星野悠果

Distribution Company
飯田智樹　古矢薫　山中麻吏　佐藤昌幸　青木翔平　磯部隆　小田木もも
廣内悠理　松ノ下直輝　山田諭志　鈴木雄大　藤井多穂子　伊藤香
鈴木洋子

Online Store & Rights Company
川島理　庄司知世　杉田彰子　阿知波淳平　王廳　大﨑双葉　近江花渚
仙田彩歌　滝口景太郎　田山礼真　宮田有利子　三輪真也　古川菜津子
中島美保　厚見アレックス太郎　石橋佐知子　金野美穂　陳鋭　西村亜希子

Product Management Company
大山聡子　大竹朝子　藤田浩芳　三谷祐一　小関勝則　千葉正幸　伊東佑真
榎本明日香　大田原恵美　小石亜季　志摩麻衣　野﨑竜海　野中保奈美
野村美空　橋本莉奈　原典宏　村尾純司　安永姫菜　斎藤悠人　中澤泰宏
浅野目七重　神日登美　波塚みなみ　林佳菜

Digital Solution & Production Company
大星多聞　中島俊平　馮東平　森谷真一　青木涼馬　宇賀神実　小野航平
佐藤淳基　舘瑞恵　津野主揮　中西花　西川なつか　林秀樹　林秀規
元木優子　福田章平　小山怜那　千葉潤子　藤井かおり　町田加奈子

Headquarters
蛯原昇　田中亜紀　井筒浩　井上竜之介　奥田千晶　久保裕子　副島杏南
福永友紀　八木眸　池田望　齋藤朋子　高原未来子　俵敬子　宮下祥子
伊藤由美　丸山香織

Proofreader　株式会社鷗来堂
DTP　有限会社一企画
Printing　シナノ印刷株式会社

ISBN978-4-7993- 3023-4